Don Etherington

Don Etherington

DESIGN BINDINGS,
A RETROSPECTIVE

RELIURES D'ART,
UNE RÉTROSPECTIVE

OAK KNOLL PRESS
NEW CASTLE, DELAWARE
2016

First Edition 2016
Published in conjunction with an exhibition at
HEC • Myriam and J.-Robert Ouimet Library, Montréal,
May 19 • September 30, 2016

Published by
Oak Knoll Press
310 Delaware Street
New Castle, DE 19720, USA

ISBN: 978-1-58456-349-5

Design / composition: Maria Mann • High Tide Design

All inquiries should be addressed to
Oak Knoll Press, 310
Delaware Street, New
Castle, DE 19720.

Printed in the United States of America on acid-free paper
meeting the requirements of ANSI/NISO Z39.48-1992
(Permanence of Paper)

Library of Congress Cataloging-in-Publication Data
available from the publisher.

Première édition 2016
Publié à l'occasion d'une exposition au HEC, bibliothèque
Myriam et J.-Robert Ouimet, Montréal,
19 mai-30 septembre, 2016

publié par
Oak Knoll Press
310 Delaware Street
New Castle, DE 19720, USA

ISBN: 978-1-58456-349-5

Design / composition: Maria Mann • High Tide Design

Toutes les demandes doivent être adressées à
Oak Knoll Press
310 Delaware Street
New Castle, DE 19720.

Imprimé aux Etats Unis d'Amérique sur papier sans
acide répondant aux exigences de la norme ANSI/NISO
Z39.48-1992 (permanence du papier)

Les données de catalogage de publication auprès de la
Bibliothèque du Congrès sont disponibles chez l'éditeur.

Contents

Dear Friends and Colleagues

This exhibition represents my life as a bookbinder and a conservator. It is with great pleasure and emotion when I look at these bindings. They remind me of all the good time in the studio. I feel blessed to have this passion for books and bookbinding. A passion you can enjoy at any time in your life. I wish the same pleasure to everyone.

This catalogue was made possible by the generous gift of Lang Ingalls from Colorado. Thank you Lang.

Sincere thanks also to the many people who have helped to make this possible. First, Maureen Clapperton, Director of the Myriam and Robert J. Ouimet Library; without her positive support this exhibition would not have happened.

Jonathan Tremblay of Quebec City and president of ARA Canada who came up with the idea of this exhibition and help put it together.

I also want to warmly thank the binders who created design bindings for my bibliography. This contribution to the catalogue and exhibition is greatly appreciated.

Last but certainly not the least, my sincere thanks goes to John Mackrell for writing the introduction and of course many many thanks to Monique Lallier for doing the translation of all the texts.

Yours sincerely

Don Etherington

Chers amis et collègues

Cette exposition est le reflet de ma carrière comme relieur et conservateur. C'est avec grand plaisir et émotion que je regarde ces reliures. Elles me rappellent tous les bons moments passés dans l'atelier. Je me sens privilegié de connaître cette passion pour les livres et la reliure. Une passion qui se pratique toute une vie. Je souhaite, à chacun, ce même plaisir.

Le catalogue de cette exposition a été rendu possible grâce à la generosité de Lang Ingalls du Colorado. Un gros merci Lang.

Sincère merci à Maureen Clapperton, Directrice de la bibliothèque Myriam et J. Robert Ouimet, pour son support à tous les niveaux de préparation de cette exposition. Sans elle, cette exposition n'aurait pas eu lieu.

Jonathan Tremblay, de Québec, président de ARA Canada et initiateur de cette idée de retrospective. Merci pour l'aide à monter l'exposition.

Je veux aussi remercier chaleureusement les relieurs qui ont créé une reliure d'art sur ma bibliographie. Cette contribution au catalogue et à l'exposition est grandement appréciée.

John Mackrell pour la rédaction de l'introduction au catalogue, un grand merci. Sans oublier Monique Lallier pour la traduction de tous les textes, un tendre merci.

Chaleureusement

Don Etherington

From the President of ARA Canada

Founded in 1996, the association Les amis de la reliure d'art du Canada *(ARACanada) has the ultimate goal of promoting to the public the merits and knowledge of bookbinding. Thanks to the unwavering support of its members and volunteers, it is through exhibitions, conferences and workshops that it seeks to achieve this objective.*

Over the years, through major international events, ARA-Canada has forged close ties with several institutions and bookbinders in Europe and the United States in particular.

This time, we wish to draw book lovers' and the general public's attention to the remarkable works of art of British-American designer bookbinder Don Etherington.

This project was born through the collaboration of HEC Montréal, ARA-Canada, and the relentless efforts of the curator of the exhibition, Monique Lallier.

This international exhibit is a retrospective of past and current works. Its intention is to offer an overview that highlights and puts into perspective over 65 years of creative work.

The visitors are offered true works of art: a kaleidoscope of shapes and colours supported by a remarkable quality of execution. A delight for the eyes! Each binding brings into play different processes. Their innovative character, creative ingenuity and execution constraints deserve special mention.

As provisional as this exhibition is, it offers an incredible opportunity for knowledge enrichment and pure astonishment before a renowned expertise. We are sure it will please you.

Jonathan Tremblay

Mot du Président de ARA Canada

Fondée en 1996, l'association « Les amis de la reliure d'art du Canada » (ARACanada) a pour ultime objectif de promouvoir auprès du grand public la connaissance et les mérites de la reliure d'art. Grâce à l'appui indéfectible de ses membres et de bénévoles, c'est grâce à des expositions, des conférences, des ateliers qu'elle tente d'atteindre cet objectif.

Au fil des ans, par l'entremise de manifestations d'envergure internationale, l'ARA-Canada a tissé des liens étroits avec plusieurs institutions et relieurs de l'Europe et des États-Unis en particulier.

Cette fois-ci, c'est autour des oeuvres remarquables du relieur d'art britanicoaméricain, Don Etherigton, que nous désirons attirer l'attention des bibliophiles et du grand public.

C'est grâce à la collaboration entre les HEC Montréal, l'ARA-Canada, et au travail acharné de la commisssaire de l'exposition, Monique Lallier, que le projet a vu le jour. Cette exposition internationale constitue une rétrospective d'oeuvres passées et actuelles. Elle se veut une vision d'ensemble qui met en valeur et en perspective plus de 65 années de travail créatif.

Sont ainsi offertes aux visiteurs de véritables oeuvres d'art: un kaléidoscope de formes et de couleurs soutenu par une qualité remarquable d'exécution. Un ravissement pour l'oeil! Chaque reliure fait appel à des procédés dont le caractère novateur, l'ingéniosité créatrice et les contraintes d'exécution méritent une mention particulière.

Si provisoire que soit cette exposition, elle offre une occasion exceptionnelle d'enrichissement des connaissances et d'éblouissement devant un savoir-faire reconnu. Nous sommes assurés qu'elle saura vous plaire.

Jonathan Tremblay

A Word from the Director

The Myriam and J.Robert Ouimet library of the HEC Montreal is pleased to present the exhibition "Don Etherington, a retrospective".

The first mandate of the Library being to offer pertinent and current documentary proof resources in support to learning, teaching and research to its clientele of students, professors as well as the HEC community, these past years, the Library opened up its doors to cultural events where design bindings have taken a very special place among the exhibitions presented.

Unique form of Art where creativity and innovation blend with multiple technical procedures and with tradition, the art of bookbinding gives a new life to a book, and transforms it into a unique and precious work of art. The esthetic is always present as well as the pertinence of the work in relation with the chosen theme. The connection to the book as object evolves. The binding, then, enhances, interprets and transposes the text, creating a new language. The person holding this book is then surprised, touched, overwhelmed. To glance through the evolution of Don Etherington's works over more than 60 years we discover the proof that the Art of bookbinding is many steps above the "craft" of simple bindings. The book becomes a work of art, of sensitivity, of artistic experience and reinvents itself.

It is important to promote the art form of bookbinding, too often unknown to the future generation of collectors who are the HEC Montreal students as well as the HEC community.

This cultural event contributes in an exceptionnal way to the influence of the School.

Maureen Clapperton
Director
Myriam et J. Robert Ouimet
HEC Montreal

Un mot de la directrice

La bibliothèque Myriam et J.-Robert Ouimet de HEC Montréal accueille l'exposition « Don Etherington : une rétrospective.

Ayant comme premier mandat d'offrir des ressources documentaires pertinentes et actuelles en soutien à l'apprentissage, à l'enseignement et à la recherche à ses clientèles étudiantes, professorales ainsi qu'à la communauté HEC, ces dernières années, la bibliothèque a développé un volet culturel où la reliure d'art occupe une place toute particulière parmi les expositions présentées.

Forme d'art unique où la créativité et l'innovation s'allient aux multiples procédés techniques et à la tradition, la reliure d'art donne une nouvelle vie au livre, le transforme en une oeuvre unique et précieuse. L'esthétique y est toujours présente ainsi que la pertinence de l'oeuvre en regard à la thématique choisie. Le rapport au livre comme objet évolue. La reliure met en valeur l'oeuvre écrite, l'interprète, la transpose, lui procure un nouveau langage. Le « lecteur-spectateur » s'en trouve étonné, ému, bouleversé. En parcourant l'évolution de l'oeuvre de Don Etherington au fil des années, nous découvrons une reliure de création qui démontre la supériorité de l'art sur l'artisanat. Le livre devient objet de création, de sensibilité, d'expérience artistique et se réinvente.

Il est important de promouvoir cette forme d'art, trop souvent méconnue, auprès de la future génération de collectionneurs que sont les étudiants de HEC Montréal et la communauté HEC.

Cet évènement culturel contribue d'une façon exceptionnelle au rayonnement de l'École.

Maureen Clapperton
Director
Myriam et J. Robert Ouimet
HEC Montreal

Genesis of a MasterBookbinder

Don Etherington was born in London in1935. He grew up in London during World War Two, surviving the blitz. His pursuit of a career in bookbinding started very early, when he was just 13 years of age and began his studies at the Central School of Arts and Crafts in Holborn, London.These courses lasted for three years and combined academic classes with craft sessions. Bookbinding was his preferred choice at that time, though he says that he has never really discovered why. To gain further skill Don also attended evening classes atthe Central School with instructors other than the daytime teachers (notably, George Frewin who had worked as a coverer for Sangorski and Sutcliffe,one of London's finest binderies). The evening teachers included Mr. Parks and the renowned binder William Matthews. The day classes under Frewin and Fred Wood were very important in those formative years with an emphasis on high quality work and patience.

In his third year, the instructors assessed which students would later concentrate either on finishing or forwarding. These were the areas in which a student would become an apprentice. These decisions were determined by practical work andwritten examinations. Don was selected to becomea finisher. This pleased him as he had just finished his first full leather binding with blind and gold tooling.

After three years of instruction, at the age of sixteen, in 1951, Don began his apprenticeship atone of the largest printing firms in England, Harrison and Sons in St. Martins Lane near Trafalgar Square. Prior to starting work, Don had to be indentured at the Worshipful Company of Stationers, established in 1498.Don's apprenticeship was extended beyond the normal seven years because he fulfilled the mandatory two year conscription in the armed forces when he joined the Royal Air Force at the age of eighteen. Luckily he was given permission to continue his studies at the London School of Printing, one day a week. He went on to successfully complete the Intermediate City and Guilds examinations that were made up of three segments: Theory and Design which were three hours each, and Practical work which was eight hours. Later on in his apprenticeship Don completed the final examinations with Bernard Middleton as the chief examiner for the City and Guilds Institute.

While serving his seven years at Harrison's Don attended weekly day release classes at the London School of Printing. His instructors were Edgar Mansfield, a superb teacher of design, great mentor and wonderful man and Ivor Robinson, a very accomplished fine binder and teacher.

As a condition of his apprenticeship, Don had to receive permission to be married. This was granted when he was twenty and still in the Air Force. He married Daisy Harden after a four-year courtship. They had two sons Gary and Mark.

During this time Don won first prize in the first Thomas Harrison Memorial Competition for bookbinding in 1957 for his design binding for the book entitled "*Both Sides of the Road,*" with a design that showed much of Edgar Mansfield's influence. This was also his very first sale of a design binding. It was purchased by Howard Nixon, Assistant Keeper of Printed Books at the British Museum, for the grand sum of nineteen guineas (approximately $30.00). The book has since been moved to the British Library.

To further develop his skills in the restoration of books Don engaged in a short course on book restoration with Mr. Nixon. Don completed his apprenticeship in July, 1958 and returned to Stationers Hall to be released from his commitment and the company to be released from theirs. At the end of his apprenticeship a traditional ceremony was conducted in the bindery where Don's fellow journeymen covered his eyes with a cloth and asked if he would like to kiss the bookbinder's daughter. Upon answering in the affirmative a brush full of paste was slapped on his face, a tradition that goes back centuries.

After his apprenticeship, Don worked privately and took a position at the British Broadcasting Corporation, as a restorer of music scores for nearly a year, while at the same time continued his studies with Howard Nixon. In 1960 Howard Nixon mentioned that Roger Powell, the leading book conservator in England, was

Genèse d'un maître relieur

Don Etherington est né à Londres en 1935 où il a grandi pendant la Seconde Guerre mondiale, survivant au blitz. Sa carrière en reliure a débuté très tôt, à treize ans, quand il a commencé ses études à The Central School of Arts and Crafts de Holborn, à Londres. Don a choisi la reliure sans vraiment savoir pourquoi, un peu par hasard. Les cours ont duré trois ans et combinaient des classes académiques et des sessions pratiques de reliure. Pour acquérir davantage de compétences, Don a également suivi des cours du soir à The Central School of Arts and Crafts avec des professeurs renommés, notamment George Frewin qui avait travaillé comme relieur pour Sangorski et Sutcliffe, un des meilleurs ateliers de reliure de Londres, ainsi qu'avec MM. Parks et William Matthews. Les cours de jour avec Frewin et Fred Bois ont été très importants durant les années de formation, mettant l'accent sur la haute qualité du travail et la patience.

À quatorze ans, Don a exécuté ses premières reliures à The Central School of Arts and Crafts. En troisième année, les professeurs évaluaient les élèves pour les aider à choisir entre la dorure et l'enseignement. Ce sont les domaines dans lesquels un étudiant allait devenir un apprenti. Ces décisions étaient déterminées par des travaux pratiques et des examens écrits. Don a été choisi pour devenir doreur. Cela lui a plu puisqu'il venait de terminer sa première reliure plein cuir avec décor à froid et à l'or.

En 1951, après trois ans d'études à la Central School of Arts and Crafts à Londres, Don, à l'âge de seize ans, a commencé son apprentissage dans une des plus grandes entreprises d'imprimerie et reliure en Angleterre, Harrison and Sons à St. Martins Lane près de Trafalgar Square. Avant de commencer à travailler, Don devait être assermenté à la Worshipful Company of Stationers, établie en 1498.

L'apprentissage de Don Etherington s'est prolongé au-delà des sept années normales en raison des deux ans obligatoires dans les forces armées. Il a donc rejoint la Royal Air Force à l'âge de dix-huit ans. Heureusement, il a été autorisé à poursuivre ses études à la London School of Printing, une journée par semaine. Il a réussi à compléter les examens de l'Intermediate City and Guild qui comprenaient trois segments: Théorie, Design et travail pratique qui duraient trois heures chacune. Le travail pratique, quant à lui, durait huit heures. Plus tard dans son apprentissage, Don a complété les examens finaux avec Bernard Middleton, l'examinateur en chef de la City and Guilds Institute.

Tout en faisant ses sept années à Harrison, Don a suivi des cours hebdomadaires de jour à la London School of Printing. Ses professeurs étaient Edgar Mansfield, un excellent professeur de design, grand mentor et homme merveilleux et Ivor Robinson, un relieur très connu.

Comme condition à son apprentissage, Don a dû obtenir la permission de se marier. Elle a été accordée alors qu'il avait vingt ans et qu'il était toujours dans la Royal Air Force. Après quatre ans de fréquentations, il a épousé Daisy Harden. Ils ont eu deux fils, Gary et Mark.

Pendant ce temps, Don a remporté le premier prix au premier Thomas Harrison Memorial Competition de reliure en 1957 pour la reliure du livre Both sides of the Road dont le design était beaucoup influencé par Edgar Mansfield. Ce fut aussi sa première vente d'une reliure avec un décor. Elle a été achetée par Howard Nixon, conservateur adjoint des livres imprimés au British Museum, pour la grande somme de dix-neuf guinées (environ 30,00 $). Cette reliure fait maintenant partie de la collection de la British Library.

Pour continuer à développer ses compétences dans la restauration de livres, Don a suivi un bref cours sur la restauration avec M. Nixon. Il a terminé son apprentissage en juillet 1958 et est retourné à Stationers Hall pour être libéré de son engagement et pour que la société soit libérée des siens. À la fin de son apprentissage, une cérémonie traditionnelle a eu lieu dans l'atelier de reliure où des compagnons de Don ont couvert ses yeux avec un chiffon et lui ont demandé s'il aimerait embrasser la fille du relieur. Après avoir accepté, il a été barbouillé avec une brosse pleine de colle de pâte, une tradition qui remonte à plusieurs siècles.

looking for an assistant to work in his workshop in Froxfield, Hampshire, in the southern part of England, about eighty miles away from London.

Working with Roger and his partner Peter Waters was without a doubt one of the highlights of Don's career. The work was very exacting and stimulating because the combination of book conservation work and fine binding was a perfect match for his interests. Their demand for the highest level of craftsmanship was invaluable in those early years of Don's development. While the early training at the Central and at the London School of Printing, where the emphasis had been on technique and finish, with Roger the emphasis was on the use of high quality materials and using the correct structure for each individual book. This is probably where Don began to develop his wonderful method of, as he says, "Allowing the book to speak to me." This experience represented a huge learning opportunity and it was a major influence in directing Don's interest to the field of conservation.

Don also began teaching bookbinding each week at Camberwell. Don, Brian Hoy and John Corderoy became fellow bookbinding instructors. Corderoy, author of the excellent *Bookbinding for Beginners*, published in 1967, was in charge of the department. The three got along extremely well, teaching a mixed bag of students ranging from day-release apprentices to dilettantes. One full-time student, Sally Lou Smith, became one of the leading design binders in England.

Teaching at Camberwell reinforced Don's desire to pursue a teaching career. That chance came in 1962 when Reeve Fowkes, head of the Printing Department at Southampton College of Art, asked Don to set up a full-time bookbinding course at the college. The program at the College of Art had been supervised on a part-time basis by Eric Burdett. His book, *The Craft of Bookbinding*, published in 1975 is considered a classic in the field. The new full-time program that Don was asked to organize would follow the requirements of the City and Guilds examinations in bookbinding. Don also attended Portsmouth College of Art one day a week to further his knowledge of type design and layout for package printing.

At this time Don became quite involved with the Designer Bookbinders organization, a society formed in 1955 as the Guild of Contemporary Bookbinders. In 1968 the Guild adopted a more structured organization and a formal constitution, and changed their name to Designer Bookbinders. During this time Don was involved with binders he admired tremendously, including Ivor Robinson, Phillip Smith, Edgar Mansfield, Trevor Jones, Sally Lou Smith, and Jeff Clements. Because of his early involvement Don became along with many of the original members a Fellow. One of the stipulations was that Fellows produce at least two design bindings a year.

In 1966 Don's life changed forever when Peter Waters asked him to go to Italy as part of a British team to help train Italian workers at the Biblioteca Nazionale Centrale who were coping with the aftermath of the disastrous November, 1966 floods in Florence. Don first went to Florence in December, 1966 having been granted a sabbatical by the College of Art and embarked on the challenging and exciting transition from bookbinder to conservator. The British team was composed of workers from the British Museum and other binders including Roger Powell, Sydney Cockerell, Peter Waters, and Christopher Clarkson. The whole operation at the Bibliotheca was directed by Tony Cains, a very accomplished binder. During the next several years Don traveled back and forth to Florence, spending weeks at a time training Italian colleagues at the Bibliotheca and working with others including specialists from Denmark, Germany, Russia, and the United States.

Don taught at Southampton College of Art for ten years. He also had by this time developed a rather lucrative private practice in book conservation, with customers including The Royal Anthropological Society in London, for which he worked on their famous Richard Burton Collection. He also produced a number of design bindings for exhibitions with the Designer Bookbinders and executed work for private collectors in London.

In the fall of 1969 Peter Waters again called Don to ask if he would be interested in joining him as the training officer in the newly established Restoration Department at the Library of Congress. Peter had been approached by Frazer Poole, the new director of the Preservation Office at the Library of Congress, to establish a more professional conservation program. The program that was currently in place was staffed by personnel from the Government Printing Office. The head of the Library of Congress Restoration Office, as it was known in 1970, was Richard Young. He later went to work at the U.S. Capitol, where he had a long and successful career in book conservation. Peter asked if Don would be

Après son apprentissage, Don a accepté un poste à la British Broadcasting Corporation, en tant que restaurateur de partitions de musique. Il a fait ce travail pendant près d'un an alors qu'il poursuivait ses études avec Howard Nixon. En 1960, Howard Nixon lui a mentionné que Roger Powell, le premier restaurateur de livres en Angleterre, était à la recherche d'un assistant pour travailler dans son atelier de Froxfield, dans le Hampshire, situé dans le sud de l'Angleterre à environ quatre-vingts milles de Londres.

Travailler avec Roger et son partenaire Peter Waters fut sans aucun doute l'un des points forts de la carrière de Don. Le travail était très intéressant et stimulant parce que la combinaison des travaux de conservation et de reliure était en accord parfait avec ses intérêts. Leurs exigences du plus haut niveau de qualité ont été inestimable lors des premières années d'apprentissage de Don. Alors qu'au début la formation à la Central et à la London School of Printing, l'accent a été mis sur la technique et la finition, avec Roger l'accent était mis sur l'utilisation de matériaux de haute qualité et sur l'utilisation de la bonne structure pour chaque livre. C'est sûrement là que Don a commencé à développer sa méthode merveilleuse de, comme il le dit, "Permettre au livre de me parler". Cette expérience a représenté une exceptionnelle occasion d'apprentissage et elle a été une influence majeure dans le choix de Don pour la conservation.

Don a également commencé à enseigner la reliure chaque semaine à Camberwell. Don, Brian Hoy et John Corderoy étaient les professeurs de reliure. Corderoy, auteur de l'excellent Bookbinding for Beginners publié en 1967, était responsable du département. Les trois hommes s'entendaient très bien et enseignaient à une diversité d'élèves allant des apprentis de jour aux dilettantes. Sally Lou Smith, une étudiante à temps plein, a connu par la suite une très belle carrière.

Enseigner à Camberwell a renforcé le désir de Don de poursuivre une carrière dans l'enseignement. L'occasion s'est présentée en 1962 lorsque Reeve Fowkes, chef du Département de l'imprimerie à Southampton College of Art, a demandé à Don d'y mettre en place un cours de reliure à temps plein. Le programme à l'École d'art avait été supervisé sur une base à temps partiel par Eric Burdett. Son livre, The Craft of Bookbinding, publié en 1975, est considéré comme un classique dans le domaine. Le nouveau programme à temps plein que Don a développé était basé sur les exigences des examens de la City and Guilds en reliure. Don a également étudié au Portsmouth College of Art, un jour par semaine, pour approfondir sa connaissance de la typographie et de l'impression sur les boîtes d'emballage.

À cette époque, Don est devenu très actif dans l'organisation Designers of Contemporary Bookbinders, une société fondée en 1955. En 1968, le groupe a adopté une organisation plus structurée et une constitution formelle, en changeant son nom pour Designer Bookbinders. Pendant ce temps, Don a collaboré avec des relieurs qu'il admirait énormément, y compris Ivor Robinson, Phillip Smith, Edgar Mansfield, Trevor Jones, Sally Lou Smith et Jeff Clements. En raison de son implication alors qu'il était très jeune, Don a été nommé Fellow avec beaucoup de membres de longue date. Une des conditions était que les Fellows devaient produire au moins deux reliures de création par année.

En 1966, la vie de Don a changé à jamais lorsque Peter Waters lui a demandé d'aller en Italie avec une équipe britannique pour aider à former les travailleurs italiens à la Biblioteca Nazionale Centrale à Florence qui étaient aux prises avec les lendemains de l'inondation désastreuse de novembre 1966. Don est d'abord allé à Florence en décembre 1966 après avoir obtenu un congé sabbatique du College et s'est dédié à la transition difficile mais passionnante de relieur à restaurateur. L'équipe britannique était composée d'employés du British Museum et d'autres relieurs, y compris Roger Powell, Sydney Cockerell, Peter Waters et Christopher Clarkson. L'ensemble de l'opération à la Bibliotheca a été coordonné par Tony Cains, un relieur reconnu. Au cours des années suivantes, Don a fait des allers-retours à Florence, y restant des semaines à la fois pour former des collègues italiens à la Bibliotheca et des spécialistes du Danemark, de l'Allemagne, de l'URSS et des États-Unis.

Don a enseigné au Southampton College of Art pendant dix ans. Il avait aussi à cette époque développé une pratique privée plutôt lucrative dans la conservation de livres et de manuscrits, avec des clients comprenant The Royal Anthropological Society à Londres, pour laquelle il a travaillé sur leur célèbre Richard Burton Collection. Il a également réalisé un certain nombre de reliures d'art pour des expositions avec les Designers Bookbinders et pour des collectionneurs privés à Londres.

interested in training all the new hires. He accepted immediately and he and his family moved to the United States.

While at Library of Congress Don designed a binding for the Rare Book and Special Collections Division's copy of the Kelmscott Press edition of *The Works of Geoffrey Chaucer*. Bound in alum-tawed pigskin with blind and gold tooling and tawed doublures, it is sewn on double raised cords on a concertina guard, a method devised in the early twentieth century by T. J. Cobden-Sanderson of the Doves Press. This technique protects the spine of the signatures from any injurious affects caused by adhesives. The concertina guard is a continuous strip of Japanese paper folded between each section with the sewing passing through the section and the guard. Don still considers this one of his most successful design bindings.

Another disaster played a role in Don's life as a conservator. On February 14 and 15, 1988 the Library of the USSR Academy of Sciences in Leningrad suffered a devastating fire. More than three million books were damaged by fire and water. This number included over 200,000 volumes from the foreign rare book collection known as the Baer Collection. This library, founded in 1714, had already survived two previous fires and the siege of Leningrad during the Second World War. Amazingly it stayed open for nine hundred days while the siege was raging.

Within the first few days after the fire the Library's administrators realized they would need technical assistance from outside the Soviet Union. The Library of Congress, UNESCO, IFLA, and the Getty Conservation Institute were quick to respond. The philanthropist, art collector and promoter of peace, Armand Hammer arranged for Peter Waters, Sally Buchanan, and Don to fly to Leningrad to investigate and report their findings to The International Foundation for the Survival and Development of Humanity, an organization Hammer had founded.

Many of the fire damaged books were repaired with Japanese paper one leaf at a time by a small group of women conservators employed at the Library. This approach seemed rather problematic when considering the thousands of books that were damaged by the fire. Don suggested using Parylene with a coating of one or two microns applied to both sides of a leaf of paper. Such a thin application cannot be seen by the human eye. This coating is applied evenly on bound books within a chamber so when a vacuum is drawn the leaves of a book are automatically fanned out, allowing for an even application of Parylene throughout the book. Even though the method strengthened the blackened and brittle leaves to a certain degree, it was not accepted because of the huge cost. So, Peter Waters proposed a program of housing the damaged books in a type of phase box. Thousands of boxes were made for those volumes that could be salvaged. Additionally a call went out world-wide to the library community to participate in a replacement program for books that were a total loss.

In addition to his work at the Library of Congress, Don also participated in projects to help promote book conservation and fine binding. In the late 1970s Don was asked to develop a certification program under the auspices of the Guild of Bookworkers. The members of the Guild's executive committee were concerned that the quality of work being produced by some of the Guild members reflected badly on the entire membership. Don sent a questionnaire to all of the Guild members soliciting their comments and ideas on the question of certification. A resounding "No!" was received from many of them regarding certification. Among their reasons were issues such as restriction of trade since they felt those members who were certified would be the only ones to receive any new work. Another reason was the lack of training opportunities in the United States at the time. In response to the questionnaire the Guild convened a meeting of the membership at the Folger Library in Washington, D.C. in 1980. A panel of experts gave short presentations of their views on standards, training, and certification. The outcome was the establishment of the "Standards of Excellence" meetings which Don chaired for a number of years. The basic concept behind these meetings was to not only host a series of "how-to" presentations, but to demonstrate techniques and "tricks" that produce excellent work rather than just acceptable work.

At that 1980 Guild of Bookworkers meeting held at the Folger, Don was approached by Polly Lada Mocarski, asking if Don would be interested in establishing a conservation program at the Harry Ransom Humanities Research Center (H.R.H.R.C.) at the University of Texas in Austin. This was a very tough decision because by 1980 Don had developed a very strong clientele of private customers for whom he did paper and book conservation work outside of the Library of Congress plus he found the work at the library to be enjoyable and simulating with a great staff. However, the challenge of developing and implementing a

À l'automne 1969, Peter Waters a de nouveau contacté Don pour lui demander s'il serait intéressé à se joindre à lui comme responsable de la formation au département de restauration nouvellement créé à la Bibliothèque du Congrès. Peter avait été approché par Frazer Poole, le nouveau directeur de l'Office de conservation de la Bibliothèque du Congrès des États-Unis, afin d'établir un programme de conservation plus professionnel. Le personnel du programme qui était en place faisait partie du Government Printing Office. Peter a demandé à Don s'il serait intéressé à former les nouveaux employés. Il a accepté immédiatement et lui et sa famille sont déménagés aux États-Unis.

Pendant qu'il était à la Bibliothèque du Congrès, Don a conçu une reliure pour la copie de l'édition Kelmscott Press de "The Works of Geoffrey Chaucer" appartenant à la Rare Book and Special Collections Division. Reliée avec une peau de porc "alum tawed" avec un décor à froid et à l'or, des doublures du même "alum tawed" La couture sur double ficelles et concertina a été utilisée, une méthode mise au point au début du XXe siècle par TJ Cobden-Sanderson de la Doves Press. Le papier japonais, plié entre chaque section, protège le dos des cahiers de tout dommages causés par les adhésifs. Don considère toujours cette reliure parmi une de ses plus réussies.

Une autre catastrophe a joué un rôle important dans la vie de Don en tant que conservateur. Les 14 et 15 février 1988, la Bibliothèque de l'Académie des sciences de l'URSS à Leningrad a été la proie d'un incendie dévastateur. Plus de trois millions de livres ont été endommagés par le feu et l'eau. Ce nombre inclut plus de 200 000 volumes de la précieuse collection étrangère de livres appelée la Collection Baer. Cette bibliothèque, fondée en 1714, avait déjà survécu à deux incendies précédents et au siège de Leningrad pendant la Seconde Guerre mondiale. Étonnamment, elle était demeurée ouverte pendant les neuf cents jours tandis que le terrible siège de la ville faisait rage.

Dans les premiers jours après l'incendie, des administrateurs de la Bibliothèque ont réalisé qu'ils auraient besoin d'aide technique de l'extérieur de l'Union soviétique. La Bibliothèque du Congrès, l'UNESCO, l'IFLA et la Getty Conservation Institute ont été prompts à réagir. Le philanthrope, collectionneur d'art et promoteur de la paix, Armand Hammer s'est arrangé pour que Peter Waters, Sally Buchanan et Don s'envolent vers Leningrad pour

enquêter et faire rapport de leurs conclusions à la Fondation internationale pour la survie et le développement de l'humanité, une organisation que Hammer avait fondée.

Beaucoup de livres endommagés par l'incendie ont été réparés avec du papier japonais une feuille à la fois par un petit groupe de femmes restaurateures travaillant à la Bibliothèque. Cette approche semblait plutôt problématique, compte tenu des milliers de livres qui avaient été endommagés par le feu. Don a alors suggéré d'utiliser du parylène, un polymère appliqué par évaporation, avec un revêtement d'un ou deux microns appliqué aux deux côtés d'une feuille de papier. Une application si mince qu'elle ne peut pas être vue par l'oeil humain. Ce revêtement est appliqué uniformément sur les livres reliés dans un contenant sous vide, les feuilles d'un livre s'ouvrent automatiquement en éventail, permettant une application uniforme du parylène dans tout le livre. Cette technique n'a pas été retenue en raison de son énorme coût. Alors, Peter Waters a proposé un programme d'emboîtage d'attente pour protéger les volumes endommagés. Des milliers de boîtes ont été faites pour les volumes qui pouvaient être récupérés. En outre, un appel a été lancé dans le monde entier à la communauté des bibliothèques pour participer à un programme de remplacement des livres qui étaient une perte totale.

Enfin, une conférence intitulée Conservation and Disaster Recovery : Coopération internationale à la Bibliothèque de l'Académie des sciences d'URSS a été organisée en septembre 1990 à Leningrad. Des restaurateurs, des chimistes et des bibliothécaires de l'Union soviétique et des États-Unis y ont été invités pour donner des présentations sur divers aspects de la catastrophe de 1988 et les résultats de leurs recherches ultérieures. Peter Waters et Don ont tous deux été invités à faire des présentations. Paul Banks, Norbert Baer, Bruce Humphrey, Frank Preusser et Robert McComb ont complété le contingent américain. Les deux présentations de Don étaient : "Les résultats pratiques dans l'utilisation du parylène dans le traitement des livres" et "Intervention minimale pour la conservation des problèmes des grandes collections : les mors détachés sur les reliures de cuir ".

En plus de son travail à la Bibliothèque du Congrès, Don a également participé à des projets visant à promouvoir la conservation et la reliure d'art. Dans les années 1970, on a demandé à Don de développer un programme de certification

completely new program was just too strong to resist, so Don agreed to move to Austin in the fall of 1980.

Don became Assistant Director and Chief Conservation Officer at H.R.H.R.C. working for Decherd Turner, the Director. These dual responsibilities gave Don both the opportunity to design and the authority to direct a comprehensive preservation program at the Center. The first few months were spent designing a new conservation department. The fifth floor of the Center was chosen for the new labs and conservation offices. Many of the ideas for the new labs were drawn from the setup used in Florence. Various conservation areas included book, paper and photography labs, a number of other areas (finishing, exhibit preparation, reference library, among others) and a "dirty room" equipped with a vacuum system so that board sanding and paring of leather could be carried out safely and away from other working surfaces that needed to remain clean. Loose particles were vacuumed off just twelve inches away from the paring stone. This is a very important type of room and should be part of any new conservation laboratory plans.

While at the center Don also established the Institute for Fine Binding and Book Conservation with support from Decherd Turner and the University. This involved an eight-week course in fine binding or book conservation disciplines for mid-level professionals. Instructors were chosen for their particular expertise. Among them, Tony Cains taught the course on medieval wooden board structures with alum tawed leather spines in the conservation sessions and James Brockman taught the course in fine binding and design. These very successful courses began only a couple of years prior to Don's leaving Texas and sadly were not continued after his departure.

Not long after the new center was up and running, they received a special request from the industrialist, Ross Perot from his headquarters in Dallas. An enthusiastic collector of Americana celebrating the history and growth of the United States, Mr. Perot had just purchased the 1297 version of the Magna Carta from an estate in England for the sum of $1.5 million. The only other copy outside England is in Australia. The 1297 version is important on two counts. First, it was the basis for British common law, but even more important in Mr. Perot's view was that the 1297 version was used by the founding fathers in drawing up the Constitution of the United States. He asked if they could prepare this vellum manuscript for safe display

and for traveling around the country to a number of selected sites. Following its tour the Magna Carta was installed at the National Archives in Washington along with the Declaration of Independence and the Constitution of the United States.

Jim Stroud was Don's right hand in the conservation department and worked with him on the document. Imagine their astonishment when they discovered Scotch tape on the back of the Magna Carta! When they recovered from the shock they removed the tape and carried out other necessary conservation measures. Nathan Stolow, a renowned conservation scientist, designed an environmentally secure display case.

In 1986 the Center hosted a workshop given by the world renowned binder Hugo Pellar from Switzerland. Hugo had been traveling around the world giving similar workshops throughout the year. Upon returning home he organized a conference in Finland and invited many of the hosts for whom he had given workshops, along with other experts in the field of bookbinding. Each individual was required to give a presentation or a lecture on their own work or a demonstration of a particular technique. The fifteen invited participants committed to spend the entire week in Finland.

The meeting was held at a mansion near Juva, a village in the wilds of Finland near the border with Russia. At this event, another major life event occurred for Don when he met Monique Lallier, a very accomplished design binder from Montréal. Monique was president of the Association des Relieurs du Quebec and she wanted to interview Don while she was in Finland for an article in one of their publications. One thing led to another, with design binding as a common force, a romance was born. While Monique and Don started to plan their lives together in Austin in 1987, fate again intervened in the person of Jack Fairfield, President of Information Conservation, Inc., a national library binding company headquartered in Greensboro, North Carolina.

At the 1987 American Library Association meeting in San Francisco, Jack asked Don to join Information Conservation, Inc. (I.C.I.) to establish a for-profit conservation operation in Greensboro. This concept was of great interest since Don had supported the idea that the preservation needs of American libraries would be better served by commercial entities, especially for large repetitive projects. What became known as

sous les auspices de la Guild of Bookworkers. Don a envoyé un questionnaire à tous les membres de la Guild sollicitant leurs commentaires et leurs idées sur cette certification. Beaucoup d'entre eux ont émis un retentissant "Non!" à la certification. Ils craignaient que les membres soient les seuls à recevoir de nouvelles commandes. Une autre raison pratique était le manque de possibilités de formation aux États-Unis à l'époque. En réponse au questionnaire, la Guilde a convoqué une réunion des membres à la Folger Library à Washington, DC, en 1980. Un groupe d'experts a donné de brèves présentations de leurs points de vue sur les normes, la formation et la certification. Le résultat a été la mise en place de réunions annuelles appelées "Standard of Excellence" que Don a présidées pendant un certain nombre d'années. Le concept de base derrière ces réunions était d'accueillir une série de présentations démontrant les techniques et les "trucs" qui produisent un travail de grande qualité.

Lors de la réunion en 1980 de la "Guild of Bookworkers" tenue à la Folger Library, Polly Lada Mocarski a demandé à Don s'il serait intéressé à mettre sur pied un programme de conservation à la Harry Ransom Humanities Research Center (HRHRC) à l'Université du Texas à Austin. Ce fut une décision très difficile à prendre, car, en 1980, Don avait développé une très bonne clientèle de particuliers pour qui il faisait des travaux de conservation de documents et de livres. De plus, il aimait le travail à la Bibliothèque du Congrès ; un travail 8 agréable et stimulant avec du personnel excellent. Cependant, le défi d'élaborer et d'appliquer un programme entièrement nouveau était tout simplement trop fort pour y résister. Donc, Don a accepté de déménager à Austin à l'automne de 1980.

Don est devenu le directeur adjoint et le directeur de la conservation du HRHRC, travaillant pour Decherd Turner, le directeur. Ces deux responsabilités ont donné à Don à la fois la possibilité de concevoir et l'autorité de diriger un programme de préservation intégrale au Centre. Les premiers mois ont été consacrés à la conception d'un nouveau département de conservation. Le cinquième étage du Centre a été choisi pour installer les nouveaux laboratoires et les bureaux de conservation. Beaucoup d'idées ont alors été retenues de la configuration déjà utilisée à Florence. Différentes zones de conservation incluaient les ateliers de restauration de livres, de documents sur papier et de photographies. Un certain nombre d'autres domaines ont été

représentés : finition, préparation d'expositions, bibliothèque de référence, entre autres, et une chambre de ponçage a été installée, équipée d'un système d'aspiration de sorte que le ponçage des cartons et la parure du cuir puissent être effectués en toute sécurité et loin des autres surfaces de travail qui doivent rester très propres. Les particules libres étaient aspirées à douze pouces de la pierre à parer. Ceci est une partie très importante qui devrait être intégrée à tous les laboratoires de conservation.

Pendant qu'il était au Centre, Don a également créé The Institute of Conservation and Fine Binding avec le soutien de Decherd Turner et de l'Université. Cela a impliqué la mise en place d'un cours de huit semaines en reliure d'art et de huit semaines en conservation du livre pour les professionnels de niveau intermédiaire. Les professeurs ont été choisis selon leur expertise particulière. Parmi eux, Tony Cains a enseigné le cours sur les structures médiévales en bois avec dos en cuir "alum-tawed" pour la conservation et James Brockman a enseigné le cours de reliure d'art et de design. Ces cours très réussis ont commencé seulement quelques années avant que Don laisse le Texas. Ils n'ont malheureusement pas été poursuivis après son départ.

Peu de temps après la mise en place du nouveau Centre, une demande spéciale de l'industriel Ross Perot est parvenue de son siège social à Dallas. Collectionneur passionné d'Americana célébrant l'histoire et la croissance des États-Unis, M. Perot venait d'acheter la version de 1297 de la Magna Carta d'une succession en Angleterre pour la somme de 1,5 million $. La seule autre copie à l'extérieur de l'Angleterre se trouvait en Australie. La version de 1297 est importante pour deux raisons. D'abord, elle est à la base de la common law britannique, mais encore plus important de l'avis de M. Perot, elle a été utilisée par les pères fondateurs dans l'élaboration de la Constitution des États-Unis. M. Perot a demandé si le Centre pouvait préparer le manuscrit en vélin pour bien le protéger lors des expositions dans un certain nombre de sites sélectionnés. Après sa tournée, la Magna Carta a été installée aux Archives nationales à Washington avec la Déclaration d'Indépendance et la Constitution des États- Unis.

Jim Stroud, alors la main droite de Don au département de conservation, a travaillé avec lui sur le document. Imaginez leur étonnement quand ils ont découvert du ruban adhésif sur le dos de la Magna Carta! Quand ils se sont remis du choc, ils

Etherington Conservation Center was born 1987 in Greensboro to work on large scale preservation projects for American libraries.

Also in the autumn of 1987 Monique and Don drove from Austin to Greensboro. Soon after they arrived they were married with Jack Fairfield serving as best man.

Don and Monique became partners in more than matrimony; they also continue to have a wonderfully collaborative influence on each others' work in design binding. And that is, to some extent how this retrospective of Don's design bindings came to be presented in Montréal. Don and Monique also set up a bookbinding workshop in the lower level of their townhouse so Monique could do her own work in design binding in addition to some work on an as needed basis for the conservation division. Continuing their collaboration, in 1988 Monique took over from Bill Anthony as chairperson of The Guild of Book Workers Standards of Excellence meetings. This was a role in which she continued for the next twelve years.

The work at the conservation lab was becoming more varied and complex. In 1989 the lab carried out the conservation and exhibit preparation work on the Constitution of Puerto Rico for an exhibition to celebrate Puerto Rico's forty years as a Commonwealth. The design of the display module allowed for the Constitution to be seen through the top of a circular bronze table with each page viewed under a heavy duty Lexan table top. A facsimile was made of each page and placed at the back of the original. Both items were encased in Plexiglas frames. Since the documents were going to be displayed year round, an acrylic frame was designed to flip over so that the facsimile would be displayed most of the time, and the originals could be shown only on special occasions. The display module was installed in the center of the Hall of the People in San Juan as the centerpiece of the celebration recognizing the fortieth anniversary of the Commonwealth in July 1992. Many of the original signers were in attendance.

In February, 1995 Don was invited by the Indian Institute of Paper Conservation in Lucknow, in the northern part of India, not far from Nepal, to give a workshop on leaf casting. A number of conservators and students from various centers throughout India attended this workshop on various methods of paper mending as well as the principles of leaf casting.

In 1997 Helen Warren DeGolyer, a bookbinding enthusiast in Dallas, Texas, and a supporter of the Perkins Library at Southern Methodist University funded the establishment of a bookbinding competition which was named the Helen Warren DeGolyer Triennial Exhibition and Competition. For the first competition, the entrants had to prepare a design concept for the Book of Common Prayer printed by Bruce Rogers. The copy from the Special Collections of Perkins Library was to be bound by the winning entrant with an award of $5000. The winner of the competition was chosen by a jury of four or five people. Don was that winner in the first year of the competition and three years later was invited to be one of the jurors for the second triennial. This competition is a wonderful gesture on Helen's part and gives great encouragement to all binders.

Among other major commissions carried out in the early years of E.C.C. was the restoration of the Carolina Charter for the North Carolina State Archives in Raleigh. and the Virginia Bill of Rights. It was to be shown in a special traveling exhibition sponsored by The Phillip Morris Company.

Don was designated the parchment consultant for the re-housing and exhibition of the Charters of Freedom at the National Archives in Washington. Every two weeks over a period of two years Don met with experts from the National Aeronautics and Space Administration and the National Institute of Standards and Technology along with the conservators from the National Archives and others to plan and design new encasements for the Declaration of Independence, the U.S. Constitution and the Bill of Rights. Don's responsibility was to design a method of display as well as the platforms on which the documents would rest safely without being restrained but still shown to their best advantage. This meant displaying all the edges with no matting.

Moving back to design bindings, the Special Collection Librarian at the University of North Carolina at Greensboro, Emilie Mills, a very knowledgeable book person, encouraged the University to purchase a number of Don's design bindings and several of Monique's for the Special Collections Division.

Always in search of more efficient ways to conduct book repairs, in 1990 Don began to investigate new techniques for the repair of cloth and leather bindings. The traditional method for repairing split joints on leather bindings has always been to use thin

l'ont enlevé et ont procédé à d'autres mesures de conservation nécessaires. Nathan Stolow, un scientifique renommé de la conservation, a conçu une vitrine sécurisée.

En 1986, le Centre a organisé un atelier de dorure donné par Hugo Peller, relieur suisse de renommée mondiale qui avait voyagé dans le monde entier pour donner des ateliers semblables. De retour chez lui, il a organisé une conférence en Finlande et y a invité un grand nombre de personnes qui avaient participé à ses ateliers, ainsi que d'autres experts dans le domaine de la reliure. Chaque individu devait faire une présentation ou une conférence sur son propre travail ou faire la démonstration d'une technique particulière. Les quinze participants invités se sont engagés à passer toute la semaine en Finlande.

La réunion a eu lieu dans un manoir près de Juva, un village dans la campagne finlandaise près de la frontière russe. Lors de cette réunion, un autre événement majeur de la vie de Don a eu lieu quand il a rencontré Monique Lallier, une relieure d'art renommée de Montréal. Monique a été présidente de l'Association des relieurs du Québec et elle voulait interviewer Don pour écrire un article dans une de leurs publications. Une chose en amenant une autre, avec la reliure design comme passion commune, une histoire d'amour est née. En 1987, alors que Monique et Don avaient commencé à planifier leur vie ensemble à Austin, le destin intervint de nouveau en la personne de Jack Fairfield, président de Information Conservation, Inc. (ICI), une entreprise nationale de reliure commerciale basée à Greensboro en Caroline du Nord.

Lors de la réunion de 1987 de l'American Library Association à San Francisco, Jack demanda à Don de se joindre à ICI afin d'établir une opération commerciale de conservation à Greensboro. Ce concept était d'un grand intérêt depuis que Don avait soutenu l'idée que les besoins de préservation des bibliothèques américaines seraient mieux servis par des entités commerciales, notamment pour les grands projets répétitifs. Ce qui allait être connu sous le nom de Etherington Conservation Center (ECC) est né en 1987 à Greensboro. Le but était de travailler à une grande échelle à des projets de préservation pour les bibliothèques américaines.

À l'automne 1987, Monique et Don ont fait le voyage en auto de Austin à Greensboro. Peu après leur arrivée, ils se sont mariés, Jack

Fairfield servant de garçon d'honneur à Don. Don et Monique sont devenus non seulement des partenaires conjugaux mais ils continuent également à avoir une merveilleuse influence l'un sur l'autre dans leurs travaux de création. Ils ont également mis en place un atelier de reliure au rez-de-chaussée de leur maison afin que Monique puisse faire son propre travail de création de reliure. Et c'est ainsi, dans une certaine mesure, que cette rétrospective des reliures de Don est venue à être présentée à Montréal. Poursuivant leur collaboration, Monique a succédé, en 1988, à Bill Anthony en tant que "Chair of The Standards of Excellence". Elle a occupé cette fonction pendant douze ans.

Le travail au laboratoire de conservation a été de plus en plus varié et complexe. En 1989, Don a travaillé à la conservation et à la préparation des documents de la Constitution de Porto Rico pour célébrer les quarante ans du Commonwealth de Porto Rico. Il a dessiné une table ronde permettant de voir tous les documents qui devaient être protégés des éléments puisque qu'ils allaient être 11 exposés toute l'année dans le "Hall of the People" à San Juan, entre la mer et les grands boulevards. Des écrins de "Plexiglass" ont été fabriqués pour protéger les documents originaux et les fac-similés exposés au revers des originaux. Un ingénieux système permet de retourner les documents de sorte que les fac-similés sont exposés tous les jours et les originaux seulement durant les cérémonies officielles. Le module d'affichage a été installé dans le centre du Palais du Peuple à San Juan comme la pièce maîtresse de la célébration commémorant le quarantième anniversaire du Commonwealth en juillet 1992. Plusieurs signataires des documents originaux étaient présents.

En février 1995, Don a été invité par l'Institut indien de conservation à Lucknow, dans la partie nord de l'Inde, pour donner un atelier sur le "leaf casting". Des restaurateurs et des étudiants de différents centres à travers l'Inde ont assisté à cet atelier.

En 1997, Helen Warren DeGolyer, une passionnée de la reliure à Dallas, au Texas, et une partisane de la Bibliothèque Perkins à l'Université Southern Methodist a financé la création d'une compétition de reliure qui a été nommé Helen Warren DeGolyer Triennal Exibition and Competition. Pour le premier concours, les participants devaient préparer un concept de design pour le Book of Common Prayer imprimé par Bruce Rogers. La copie des collec-

leather, in cloth bindings to use cloth, and in vellum bindings to use vellum. But new thinking led Don to an innovative technique using Japanese paper to repair all of these different bindings. Split leather joints were repaired with a narrow strip of Japanese paper instead of the traditional thin weak strip of leather in the crucial point of the binding structure. After many experiments Don became convinced that this was a viable option for thousands of broken joints on leather bindings. Following trials on leather bindings Don started to investigate a more satisfactory method for restoring decorative cloth bindings. He lined Japanese paper with Irish linen to make a kind of sandwich to take the place of new cloth in rebacking spines. He then remounted the original spine piece. The Japanese paper can be colored easily to match the cloth. This method is much more sympathetic than the use of new cloth when rebacking old and fragile cloth bindings. The sandwich of Irish linen and Japanese paper was then used to restore split and cracked vellum spines. The results are quite impressive especially when the Japanese paper is treated with SC6000, a leather coating from the Leather Conservation Institute in England. This coating replicates the surface sheen of leather and vellum skins.

When Don first presented this technique to fellow conservators the reception was rather lukewarm, but after they experimented with it they embraced it with enthusiasm and the method is now used in many different countries. Some conservators have changed and improved the original concept in various ways.

Major customers of E.C.C. included the Beineke Library at Yale University and the University of Virginia. The projects have included some of the nation's most significant documents such as the Stone copy of the Declaration of Independence. Another rare manuscript relating to the University of Virginia treated at E.C.C. was the Minutes of the first meeting of the governing board of the University recorded in Thomas Jefferson's handwriting. This manuscript of more than one hundred pages had been laminated with cellulose acetate many years ago. It was delaminated one leaf at a time in an acetone bath. Don says that this was one of the more nerve-wracking jobs that he ever had to perform. Following the treatment, the manuscript was placed back in its original binding.

In 2001 Don purchased the conservation division from I.C.I. so he could be his own boss and totally responsible for the decisions he would have to make. I.C.I. maintained a good working relationship throughout the transition. It was at this time that the name changed to Etherington Conservation Center (E.C.C.). In 2005 Don decided to sell E.C.C. back to I.C.I. and change the name to Etherington Conservation Services (ECS). He felt the sale was the best approach to preserving the continuity of the lab, and that the sale at this time would make for a better situation for the staff in the long run.

After transferring the lab back to I.C.I. (then known as the HF Group following the merger of I.C.I. and Heckman Bindery in 2006) Don spent more time pursuing some long time aspirations.

He decided that he would like to teach bookbinding and book conservation again and give back what he had learned and enjoyed so much over the years. For this, The American Academy of Bookbinding (AAB) established in Telluride, Colorado in 1993 was a natural venue and fate again stepped in when Monique was asked to be the new Director of their bookbinding program.

Don suggested to her and the Academy that they include conservation of books in their course offerings in addition to bookbinding classes. In 2005 he began to teach the first courses that eventually led to a diploma for successful completion of the conservation curriculum. He also suggested that the Academy offer courses both in Telluride, Colorado and Ann Arbor, Michigan, which was done for a number of years.

In 2005 Don was honored by the American Institute for Conservation with an Honorary membership award and later in the year The Guild of Book Workers also presented him with an Honorary membership. These recognitions are a testament to Don's many contributions to bookbinding and conservation.

Don retired from E.C.S. in 2012to pursue his private career. He continues to do conservation and teaches privately and through AAB. The treasure for us is that he has produced, and continues to create many exquisite design bindings, a number of which are included in this retrospective.

Design Bindings by Don Etherington

As mentioned above, a continuous aspect of Don's life since those early days in England has been using his artistic and well-honed craft abilities to execute a significant number of very fascinating and well designed, finely executed bindings.

tions spéciales de la Bibliothèque Perkins devait être reliée par le gagnant, assortie d'un prix de 5000$. Le gagnant de la compétition a été choisi par un jury composée de quatre ou cinq personnes (il faudrait être précis). Don était le gagnant du premier concours et, trois ans plus tard, a été invité à être l'un des jurés pour la deuxième triennale. Cette compétition est un beau geste de la part d'Helen et est un grand encouragement pour tous les relieurs.

Parmi les autres grands travaux réalisés lors des premières années de ECC, on retrouve la restauration de la Charte de la Caroline pour les Archives de l'État de la Caroline du Nord à Raleigh et le Virginia Bill of Rights. Ce dernier document a fait l'objet d'une exposition itinérante spéciale parrainée par La Société Phillip Morris. Don a aussi été désigné consultant expert en parchemin pour l'exposition des Chartes de la liberté aux Archives nationales à Washington. Toutes les deux semaines durant une période de deux ans, Don a rencontré des 12 experts de la National Aeronautics and Space (NASA) et du National Institute of Standards and Technology ainsi que les conservateurs des Archives nationales et d'autres pour planifier et concevoir de nouveaux réceptacles pour la Déclaration d'Indépendance, la Constitution américaine et le Bill of Rights. La responsabilité de Don était de concevoir une méthode d'exposition ainsi que des plateformes sur lesquelles les documents seraient posés en toute sécurité sans être compressés et montrés sous leur meilleur angle. Cela signifiait l'élimination de passe-partout. Des papiers japonais repliés ont été utilisés sous les documents pour leur permettre de "flotter".

De retour à la reliure d'art.

La bibliothécaire de la Collection spéciale de l'Université de la Caroline du Nord à Greensboro, Emilie Mills, une personne très bien informée sur les livres, a encouragé l'Université à acheter un certain nombre de reliures de Don et plusieurs de Monique pour leur Division des collections spéciales. Toujours à la recherche de moyens plus efficaces pour effectuer les réparations de livres, Don a commencé, en 1990, à étudier de nouvelles techniques pour la réparation des reliures en toile et en cuir. La méthode traditionnelle pour réparer les reliures en cuir a toujours été d'utiliser le cuir mince, la toile pour les reliures en toile et du parchemin pour les reliures en parchemin. Mais une nouvelle réflexion a conduit Don à une technique innovatrice utilisant du papier japonais pour réparer toutes ces différentes reliures. Les mors détachés en cuir ont été réparés avec une étroite bande de papier japonais à la place de la mince

bande de cuir à l'endroit crucial de la structure de la reliure. Après de nombreuses expériences, Don a été convaincu que cela était une option viable pour des milliers de mors brisés sur les reliures de cuir. Après des essais réussis sur les reliures en cuir, Don a commencé à chercher une méthode plus satisfaisante pour la restauration de reliures en toile. Il a doublé le papier japonais avec une toile de lin irlandais et (pour ?) prendre la place de la toile en refaisant le dos de la reliure. Il a ensuite remonté le dos de la couverture originale. Le papier japonais peut être coloré facilement pour s'agencer à la toile. Cette technique a ensuite été utilisée pour restaurer les reliures en parchemin dont le dos est craqué. Les résultats sont assez impressionnants surtout lorsque le papier japonais est traité avec SC6000, une cire qui scelle le cuir et qui provient du Leather Conservation Institute en Angleterre. Ce revêtement reproduit l'éclat des peaux en cuir et en parchemin. Après une réception plutôt tiède, cette technique est maintenant utilisée dans presque tous les laboratoires de conservation à travers le monde.

Les principaux clients de ECC incluaient la Bibliothèque Beineke à l'Université Yale et l'Université de Virginie. Les projets ont inclus aussi certains des documents les plus importants de la nation tels que la "Stone copy" de la Déclaration d'Indépendance.

Un autre manuscrit rare de l'Université de Virginie traité par ECC a été le procèsverbal de la première réunion du conseil d'administration de l'Université écrit à la main par Thomas Jefferson. Ce manuscrit de plus d'une centaine de pages avait été laminé avec de l'acétate de cellulose il y a de nombreuses années. Il a été délaminé, une feuille à la fois, dans un bain d'acétone. Don dit que ce fut l'un des travaux les plus éprouvants qu'il ait jamais exécuté. Après le traitement, le manuscrit a été replacé dans sa reliure originale.

En 2001, Don a acheté la division de la conservation de la compagnie Information, Conservation Inc. (ICI) afin d'être dorénavant son propre patron et totalement responsable des décisions qu'il aurait à prendre. En 2005, Don a décidé de vendre ECC de nouveau à ICI et ECC est devenue Etherington Conservation Services (ECS). Don voulait se concentrer sur ses intérêts personnels. Il a donc décidé qu'il aimerait enseigner la reliure et la conservation livre et donner en retour ce qu'il avait appris et tant apprécié au fil des ans. Pour cela, l'American Academy of Bookbinding (AAB), établie en 1993 à Telluride au Colorado était le lieu naturel. La chance est à nouveau intervenue lorsque AAB a demandé à Monique d'être le nouveau directeur de leur programme de reliure.

It is informative to place design binding in the historical context of general bookbinding, extra binding, artist binding and conservation. Bookbindings over time have served many purposes. In early times, bindings were relatively simple and intended to protect the more fragile interior of books from wear and tear. But as books became more widely available, they became an important display of individual knowledge and wealth. People began spending money on dressing their books in fine coverings so that their libraries would be visually impressive as well as demonstrating the accumulation of knowledge. Thus we have, today, at least three classes of book bindings: those that are inexpensive and intended to protect the contents, typically composed of paper or plain cloth; those that are made to look nice without a significant increase in cost, frequently utilizing machine decorated cloth, leather, and other materials; and those that are created by hand, highly tooled or otherwise decorated.

A present day design binding is a fine binding for which the design is, generally although not always, inspired by the subject or theme of the book's content, typography and illustrations; this is certainly true of Don's bindings. His bindings represent very different and creative interpretations of text, a significant change from the pre-nineteenth century concept of book cover decoration that seldom referred in any way to the content of the book. Instead, early bindings typically carried linear, geometric and floral designs, or a combination of them without regard to the text. Fine, design bindings are executed using traditional book structures such as sewing on supports that are laced into the boards, which are then covered with leather or other materials. The covers may be embellished with any combination of decorative techniques including onlays and inlays of leather, parchments and exotic materials in combination with blind, gold or other tooling. These bindings are executed to the very highest standards of craftsmanship. Fine and design binding continue a long tradition of decorating book covers.

Binders who execute fine, design bindings today need to be designers with a high degree of artistic talent. Combined with their art, they must also possess an intimate understanding of how a variety of materials must be manipulated so that they work effectively together, as well as a deep understanding of the mechanical nature of a well-made book, the stresses on the structure, and the possibilities and limits of interpreting structural elements to enhance the binding's design. As you look at Don's design bindings, you can see that he has all of these traits and talents, which places him among the top practitioners of the design binding art and craft.

Don has executed fine, design bindings since his early years as a binder and won a number of prestigious binding competitions and has had his bindings exhibited all over the world. His work spans over 65 years from what he considers his first significant work (Photo Album of Students Work executed circa 1951 that is in the collection of the Central School of Arts and Crafts, London) to very recent bindings completed as recently as 2015. His bindings also exhibit a number of styles, from geometric patterns to very abstract. Don's fine binding awards include two that are very important. He was the first prize winner in the inaugural years of both The Thomas Harrison Memorial Competition (1957) and The Helen Warren DeGolyer Triennial Exhibition and Competition (1997).

Enjoy exploring these bindings for their richness and variations. Don continues to contribute greatly to the bookbinding art and craft as well as to conservation.

To Don who has been teacher,
mentor and friend for more than 40 years.
Thank you with the deepest gratitude!

John MacKrell

Don lui a suggéré, ainsi qu'à l'Académie, d'inclure la conservation de livres dans les cours qu'ils offraient en plus des cours de reliure. En 2005, il a commencé à enseigner les premiers cours qui finalement ont conduit à un diplôme. Il a également suggéré que l'Academy offre des cours à la fois à Telluride au 14 Colorado et à Ann Arbor au Michigan, ce qui a été fait pendant un certain nombre d'années.

En 2005, Don a été fait Membre honoraire de l'American Institute of Conservation et de la Guild of Book Workers. Ces reconnaissances sont un témoignage des nombreuses contributions de Don à la reliure et à la conservation.

Don a pris sa retraite de ECS en 2014 pour poursuivre sa carrière à l'échelle plus personnelle. Il continue à faire de la conservation et enseigne en privé et à la AAB. Heureusement pour nous, il a produit et continue de créer de nombreuses reliures d'art dont certaines sont incluses dans cette rétrospective.

Reliures d'art de Don Etherington

Le fil conducteur de la vie de Don, depuis les premiers jours en Angleterre, a constitué à utiliser ses capacités artistiques et artisanales bien maîtrisées pour exécuter un nombre important de très fascinantes reliures bien conçues et finement exécutées.

Il est instructif de connaître la reliure dans le contexte historique de la reliure en général : reliure de bibliothèque, reliure d'art et de conservation. La reliure a servi à plusieurs fins au fil des ans. Au début, les reliures étaient relativement simples et destinées à protéger l'intérieur plus fragile des livres de l'usure normale. Mais quand les livres sont devenus plus largement disponibles, les gens ont voulu que leur bibliothèque reflète leur érudition et leurs avoirs. Ainsi, nous avons aujourd'hui au moins trois classes de reliures: celles qui sont peu coûteuses et destinées à protéger le contenu, généralement composées de papier ou de toile unie, celles qui sont faites pour avoir l'air très belles sans être coûteuses, en utilisant souvent la toile ou le cuir décoré à la machine et celles qui sont créées à la main. Cette dernière classe peut être encore sous-divisée en deux grands groupes : les livres d'artistes et les reliures d'art. Les reliures d'art ou à décor vont de relativement simples à de très complexes objets d'art.

La reliure d'art moderne, en général, reflète le contenu du livre: texte, illustrations et typographie. C'est certainement vrai des reliures de Don. Ses reliures représentent des interprétations très différentes et créatives du texte, 15 un changement significatif de la notion de reliure pré-XIXe siècle qui se référait rarement au contenu du livre. Les premières reliures avaient généralement des dessins linéaires, géométriques et floraux, sans égard au texte. Les reliures d'art modernes sont exécutées en utilisant des structures traditionnelles de passure en carton. Elles peuvent être embellies par une combinaison de techniques décoratives y compris les mosaïques en relief ou à niveau, en utilisant différents matériaux : cuir exotique, bois, métal, parchemin, etc. accompagnées d'impressions à froid ou à l'or reflétant la dextérité du relieur. La reliure d'art fait partie d'une longue tradition de décoration des reliures.

Les relieurs d'aujourd'hui doivent posséder un haut degré de talent artistique. Combiné à leur art, ils doivent également posséder une compréhension des matériaux et de la structure d'une reliure.

Quand vous regardez les reliures de Don, vous pouvez voir qu'il a toutes ces qualités et tous ces talents, ce qui le place parmi les meilleurs praticiens de l'art de reliure. Don a exécuté des reliures d'art raffinées depuis ses premières années comme relieur et a remporté un certain nombre de concours prestigieux. Ses reliures ont été exposées partout dans le monde. Son travail couvre une période de plus de 65 ans à partir de ce qu'il considère comme sa première oeuvre importante jusqu'à ses plus récentes reliures. Ses reliures présentent également un certain nombre de styles, à partir de modèles géométriques jusqu'à très abstraits.

Photo Album de travail étudiant, exécuté circa 1951, est dans la collection de "Central School of Arts and Crafts", Londres)

Deux prix plus particulièrement importants dans la carrière de Don sont liés au fait qu'il fut le premier gagnant à la fois du Memorial Thomas Harrison Competition (1957) et du Helen Warren DeGolyer Triennal Exhibition and Competition (1997) dans leur année inaugurale.

Profitez de l'exploration de ces reliures pour leur richesse et leur variété. Don continue à contribuer grandement à l'art de la reliure ainsi qu'à la conservation.

Pour Don qui a été professeur,
mentor et ami depuis plus de 40 ans.
Merci avec une profonde gratitude !

John MacKrell

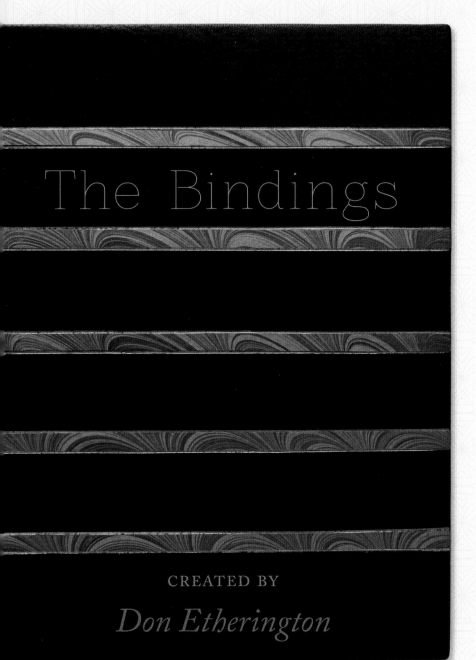

The Bindings

CREATED BY

Don Etherington

Les Reliures

CRÉÉES PAR

Don Etherington

Photo Album of Students' Work

Red Levant goatskin, blind and gold tooling, bound ca. 1951

Collection of the Central School of Arts and Crafts, London

Chèvre rouge du Levant, impression à froid et à l'or, relié en 1951

Collection du Central School of Arts and Crafts, London

Both Sides of the Road

Sidney Rogerson, Collins, London, 1949, illustrated by Charles Tunnicliffe.

Full dark green goatskin, multi-colored inlays, blind tooling, gold tooling on spine, bound in 1957.
First prize binding for the Thomas Harrison Competition.

<small>COLLECTION OF THE BRITISH LIBRARY</small>

Sidney Rogerson, Collins, Londres, 1949, illustrations de Charles Tunnicliffe.
Plein cuir de chèvre vert, incrustation de cuir de différentes couleurs, impression à froid et à l'or. Titre à l'or, au dos.
Cette reliure a gagné le premier prix à la "Thomas Harrison Competition.

<small>COLLECTION DE LA "BRITISH LIBRARY"</small>

Dawn of Civilization

Edited by Stuart Piggott, Sunday Times Publications, London, 1961.

Full tan goatskin with onlays of red, maroon, yellow, and tan goatskin (some possibly calf), gold and blind tooling on the front cover and spine, blind tooling on the back cover, hand sewn cotton endbands, bound circa 1962.

<small>COLLECTION OF CHERYL AND JOHN MACKRELL</small>

Édité par Stuart Piggott, Sunday Times Publications, Londres 1961

Plein cuir de chèvre ocre avec mosaïques de chèvre et possiblement d'agneau, rouge, marron, jaune et ocre, impression à l'or et à froid. Lignes à froid allant du plat avant au plat arrière. Tranchefiles brodées. Relié en 1962

<small>COLLECTION CHERYL ET JOHN MACKRELL</small>

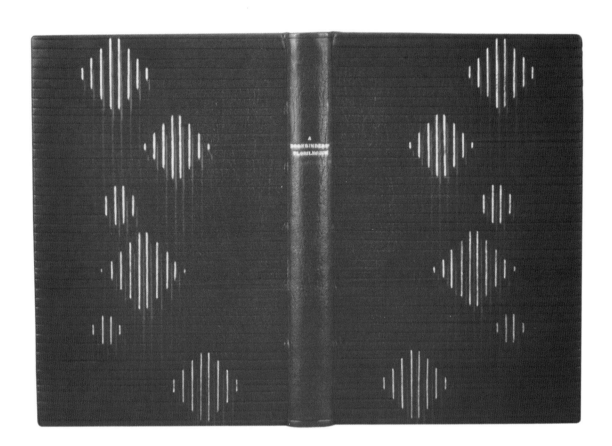

A Bookbinders Florilegium

John Chalmers, The Press of the Harry Ransom Humanities Research Center of The University of Texas at Austin, 1988
. Full native goatskin with gold and blind tooling, black goatskin edge to edge doublures, top edge gilt, bound in 1991.

John Chalmers, The press of the Harry Ransom Humanities Research Center à l'Université du Texas à Austin, 1988.
Plein cuir de chèvre, dorure à l'or fin, lignes à froid. Titre à l'or au dos. Doublures bord à bord de chèvre noir, tranche de tête dorée. Relié en 1991.

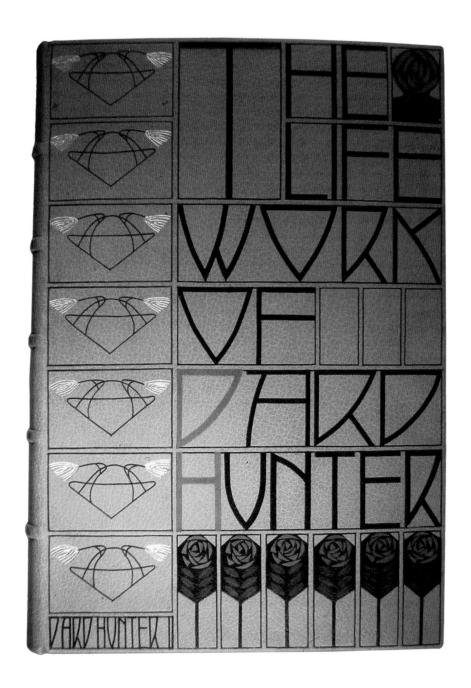

The Life Work of Dard Hunter

Dard Hunter II, Chillicothe, Ohio, Mountain House Press, 1981-1983.

Full tan goatskin with multi-colored onlays, gold and blind tooling.

COLLECTION OF DON ETHERINGTON

Dard Hunter II, Chilicothe, Ohio. Mountain House Press, 1981-1983.

Plein cuir de chèvre gris, mosaïques rouge, bleue et noire. Titre à froid sur le dos

COLLECTION DE DON ETHERINGTON

Kelmscott Chaucer

Geoffrey Chaucer, illustrated by William Morris and Edward Burne-Jones, Kelmscott Press, 1896.

Full alum tawed pigskin with blind and gold tooling.

COLLECTION OF THE LIBRARY OF CONGRESS

Geoffrey Chaucer, illustré par William Morris et Edward Burne-Jones, Kelmscott Press, 1896.

Plein cuir d'alum de porc. Impression à froid et à l'or.

COLLECTION DU "LIBRARY OF CONGRESS"

Wood Engravings

Being a Selection of Eric Gill's Engravings on Wood, Eric Gill, E. Weyhe, New York, 1924.

Full black goatskin with polished raised shapes and lower areas delineated with blind lines, top edge gilt, bound in 1990.

Collection of Jackson Library Special Collections, University of North Carolina at Greensboro

Being a Selection of Eric Gill's Engravings on Wood, par Eric Gill, E. Weyhe, New York, 1924.

Plein cuir de chèvre noir. Parties polies et surélevées. Lignes à froid. Tranche de tête dorée. Relié en 1990.

Collection de la Jackson Library Special Collections, Université de la Caroline du Nord à Greensboro

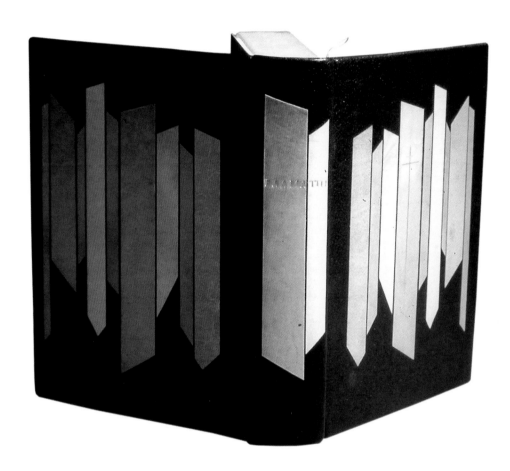

Raamattu (Finnish Language Bible)

Suomem evankelislutrilaisen Church Synod in 1992.
Published by Werner Söderström Corporation, Porvoo, Finland Helsinki Juva.

Full black leather with vellum onlays, gold tooling on spine and front cover, bound in 1989.

COLLECTION OF FINNISH MONASTERY

Sinode de l'Eglise Suomem evankelislutrilaisen en 1992.
Publié par la corporation Werner Söderström, Porvoo, Finland Helsinki Juva.

Plein cuir de chèvre noir. Mosaïques de parchemin. Titre à l'or fin au dos et une croix à l'or fin sur le plat avant. Relié en 1989

COLLECTION D'UN MONASTÈRE FINLANDAIS.

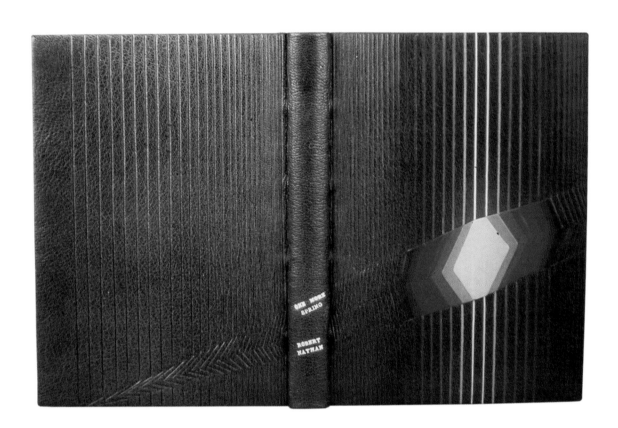

One More Spring

Robert Nathan, typography and illustrations by W. A. Dwiggins, The Overbrook Press, Stamford, 1935.

Full blue goatskin with multi-colored onlays and blind tooling, gold tooled title on the spine, graphite top edge, bound in 1991.

COLLECTION OF JACKSON LIBRARY SPECIAL COLLECTIONS, UNIVERSITY OF NORTH CAROLINA AT GREENSBORO

Robert Nathan, typographie et illustrations par W. A. Dwiggins. The Overbrook Press, Stamford, 1935

Plein cuir de chèvre bleue avec mosaïques de différentes couleurs et lignes à froid. Titre au dos à l'or fin. Tranche de tête au graphite. Relié en 1991

COLLECTION DE LA JACKSON LIBRARY SPECIAL COLLECTION, UNIVERSITÉ DE LA CAROLINE DU NORD À GREENSBORO.

Forger L'Effroi

Michaël La Chance, engravings by Louis-Pierre Bougie, Griffe d'acier, Montréal, 1987.

Bound in full orange goatskin. Thin onlays of different colors. Blind lines tooled on the front and back cover.

COLLECTION OF JACKSON LIBRARY SPECIAL COLLECTIONS, UNIVERSITY OF NORTH CAROLINA AT GREENSBORO.

Michael La Chance, gravures de Louis-Pierre Bougie, Griffe d'Acier, Montréal, 1987

Plein cuir de chèvre orange. Fines mosaïques de différentes couleurs. Lignes à froid du plat avant au plat arrière.

COLLECTION DE LA JACKSON LIBRARY SPECIAL COLLECTION, UNIVERSITÉ DE LA CAROLINE DU NORD À GREENSBORO

A Fowl Alphabet

Sir Thomas Brown, illustrated by Alan James Robinson, Cheloniidae Press, Easthampton, Massachusetts, 1986.

Full black goatskin with onlays of red and black goatskin, the red and black onlays were created as a single piece then slit and shifted to create an abstract feel, blind tooling on the front cover, hand sewn silk endbands, graphite top edge.

COLLECTION OF CHERYL AND JOHN MACKRELL

Sir Tomas Brown, illustré par Alan James Robinson, Cheloniidae Press, Easthampton, Massachusetts, 1986.

Plein cuir de chèvre noir, mosaïques rouges et noires. Ces mosaïques ont été conçues d'une seule pièce et ensuite découpées en lanières et déplacées pour créer une abstraction du titre. Titre à froid sur le plat avant. Tranchefiles de soie brodées. Tranche de tête au graphite.

COLLECTION DE CHERYL ET JOHN MACKRELL

The Psalms

Mason Hill Press, 1978.

Full purple goatskin with multi-colored onlays spelling out Psalms, gold tooled title on spine.

COLLECTION OF JACKSON LIBRARY SPECIAL COLLECTIONS, UNIVERSITY OF NORTH CAROLINA AT GREENSBORO

Mason Hill Press, 1978.

Plein cuir de chèvre pourpre. Mosaïques de différentes couleurs représentant les lettres de Psalms. Titre à l'or fin au dos.

COLLECTION DE LA JACKSON LIBRARY SPECIAL COLLECTION, UNIVERSITÉ DE LA CAROLINE DU NORD àGREENSBORO.

Terminus Nord

Geneviève Letarte. Engravings by Louis-Pierre Bougie, L'Atelier Circulaire, 1990. Copy 10 of 21, signed by the artist and the author.

Full dark burgundy goatskin, recessed suede panel with goatskin onlays, bound in 1991.

COLLECTION OF LOUIS-PIERRE BOUGIE

Geneviève Letarte, gravures de Louis-Pierre Bougie, L'Atelier Circulaire, 1990. Copie 10/21, signée par l'artiste et l'auteure.

Plein cuir de chèvre bourgogne foncé, panneau de suède incrusté, mosaïque de cuir. Relié en 1991.

COLLECTION LOUIS-PIERRE BOUGIE

August Rosenberger 1893-1980:
A Tribute to One of the Great Masters of Punchcutting

An Art Now All but Extinct, Hermann Zapf, Melbert B. Cary, Jr., Graphic Arts Collection,
Rochester Institute of Technology, Rochester, NY, ca. 1996.

Deep bluish-purple goatskin, onlay of dyed parchment tooled in gold with the letters of the alphabet, blind tooled vertical rules.

COLLECTION OF RARE BOOK SCHOOL, CHARLOTTESVILLE, VIRGINIA

Un art en voie d'extinction, par Hermann Zapf, Melbert B. Cary, Jr, Graphic Arts Collection,
Rochester Institute of Technology, Rochester, NY, ca 1996

Plein cuir de chèvre pourpre. Mosaiques de parchemin teintées.
Les lettres de l'alphabet sont marquées à l'or sur le parchemin. Lignes verticales à froid.

COLLECTION DE "RARE BOOK SCHOOL" CHARLOTTESVILLE, VIRGINIA

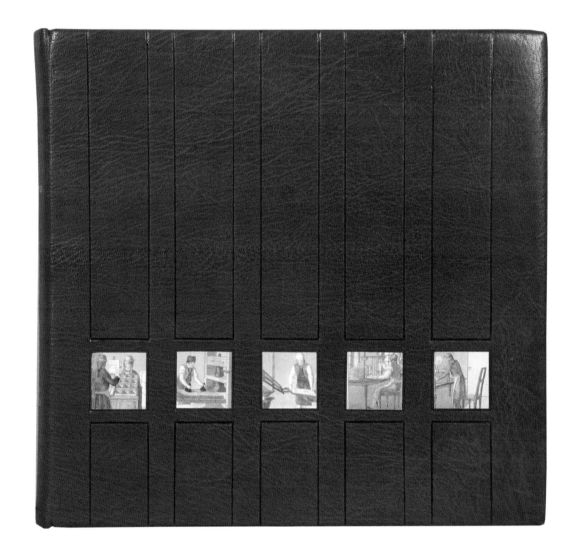

Emmymemories
or Memories of Emmy: A Rare Book Librarian Remembered

Friends of Emmy, 1997.
Full tan goatskin, recessed panels on front cover with printed images laid into panels.
COLLECTION OF EMILIE MILLS

Par les Amis d'Emmy lors de sa retraite, 1997.
Album plein cuir de chèvre tan, panneaux incrustés contenant des images représentant
l'imprimerie et la reliure. Lignes à froid.
COLLECTION DE EMMY MILLS

Le Jardinier

Poems by Michel Van Schendel, engravings by Louis-Pierre Bougie, L'Atelier Circulaire, 2004 to 2005, signed by the artist and the poet.

Full black goatskin, green onlay, blind tooling on spine.

COLLECTION OF LOUIS-PIERRE BOUGIE

Poèmes de Michel Van Schendel, gravures de Louis-Pierre Bougie, l'Atelier Circulaire, 2004-2005, signé par le poète et l'artiste.

Plein cuir de chèvre noir, mosaïque verte, titre à froid sur le dos.

COLLECTION DE LOUIS-PIERRE BOUGIE

The Book of Common Prayer

Printed for the Commission of the Protestant Episcopal Church, 1928 [issued 1930], Boston.
First Prize of the Inaugural Helen DeGolyer Triennial Competition.

Full black goatskin with raised and polished panels, gold and blind tooling, bound in 1997.

COLLECTION OF THE BRIDWELL LIBRARY AT SOUTHERN METHODIST UNIVERSITY

Imprime pour la "Commission of Protestant Episcopal Church" 1928, [publié 1930] Boston.
Cette reliure a gagné le premier prix lors de la première compétition de Helen De Golyer.
Cette compétition se reproduit à tous les trois ans.

Plein cuir de chèvre noir avec panneaux surélevés et polis, impression à l'or et à froid, relié en 1997.

COLLECTION DE LA BRIDWELL LIBRARY, SOUTHERN METHODIST UNIVERSITY.

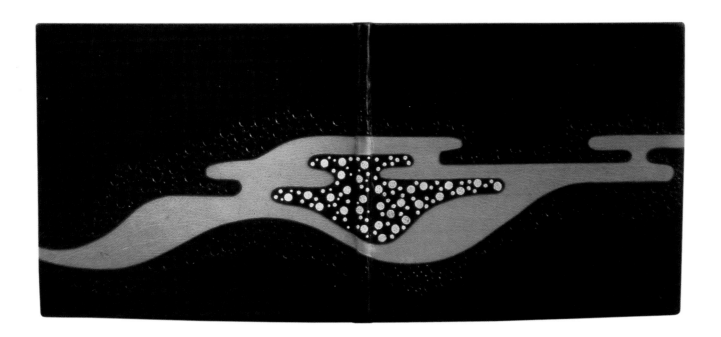

Opus Salvelinus:
Observations on the Serious Matter of Fishing for our Beautiful Native Brook Trout

Ladislav Hanka, Rarach Press, Kalamazoo, Michigan, 1990.

Full dark brown goatskin with recessed shape across covers and spine, onlays with gold tooling.

COLLECTION OF JACKSON LIBRARY SPECIAL COLLECTIONS, UNIVERSITY OF NORTH CAROLINA AT GREENSBORO

Par Ladislav Hanka, Rarach Press, Kalamazoo, Michigan, 1990.

Plein cuir de chèvre brun, panneau incrusté sur les deux plats et le dos, dorure sur mosaïque, Impression à froid.

COLLECTION DE LA "JACSON LIBRARY SPECIAL COLLECTION, UNIVERSITÉ DE LA CAROLINE DU NORD A GREENSBORO.

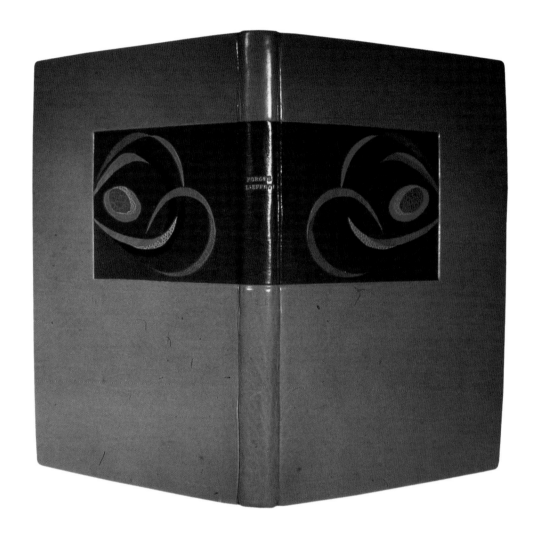

Forger L'Effroi

Michaël La Chance, engravings by Louis-Pierre Bougie, La Griffe d'acier Press, 1987. Copy seven of ten.

Full orange box calf with multi-colored onlays and title in colored foil within a recessed panel, graphite top edge, bound in 1991.

Par Michael La Chance, gravures de Louis-Pierre Bougie, La Griffe d'Acier, 1987, Copie 7/10.

Plein cuir de box orange. Mosaïques de différents cuirs exotiques sur un panneau incrusté de box brun.
Titre au dos de couleur orange. Tranche de tête au graphite, relié en 1991.

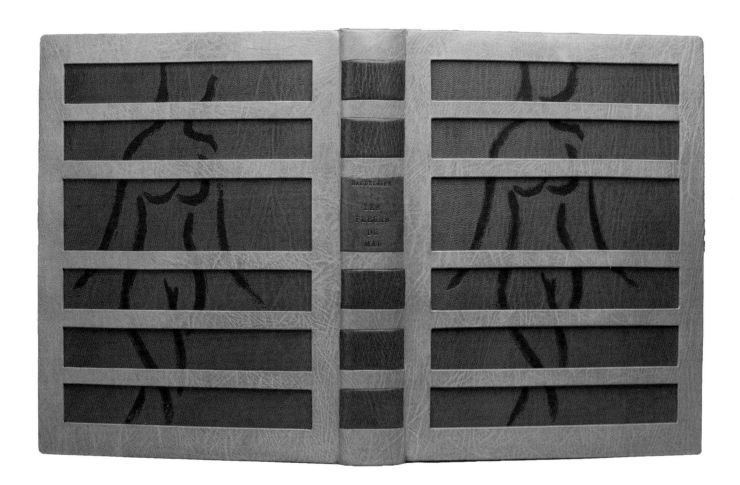

Les Fleurs du Mal

Charles Baudelaire, illustrated by Roger Carle, Jean Landru, Chamonix, 1946. Number 405 of 999.

Full tan goatskin overlaid a second set of boards that had been precut in open rectangular shapes and then covered in beige goatskin, figures stamped in blind using a block, blind tooling on spine. Included in the Guild of Book Workers 100th anniversary catalog.

COLLECTION OF HEGE LIBRARY, GUILFORD COLLEGE

De Charles Beaudelaire, Illustrations de Roger Carle, Jean Landru, à Chamonix 1946, numérote 405/999.

Cuir de chèvre tan sur les cartons du dessous avec une impression à froid. Un deuxième couvert de carton, ajouré de rectangles et couvert de cuir beige. Mosaïques tan au dos. Titre à froid, au dos. Cette reliure faisait partie de l'exposition du 100e anniversaire de la Guild of Book Workers.

COLLECTION HEGE LIBRARY, GUILFORD COLLEGE, GREENSBORO

Le Prince Sans Rire

Michaël La Chance, illustrated by Louis-Pierre Bougie, Editions LUI-MEME, Montréal, 1983.

Full black goatskin, onlays of green and purple goatskin, title in gold leaf, top edge gilt, paste down in green hand colored paper by Claude Delpierre, Paris.

<small>COLLECTION OF HEGE LIBRARY, GUILFORD COLLEGE</small>

De Michael La Chance, Illustrations de Louis-Pierre Bougie, Editions LUI-MEME, Montréal, 1983

Plein cuir de chèvre noir avec mosaïques de cuir pourpre et vert, titre à l'or fin au dos, tranche de tête dorée. Papiers de garde par Claude Delpierre, Paris.

<small>COLLECTION HEGE LIBRARY, GUILFORD COLLEGE, GREENSBORO</small>

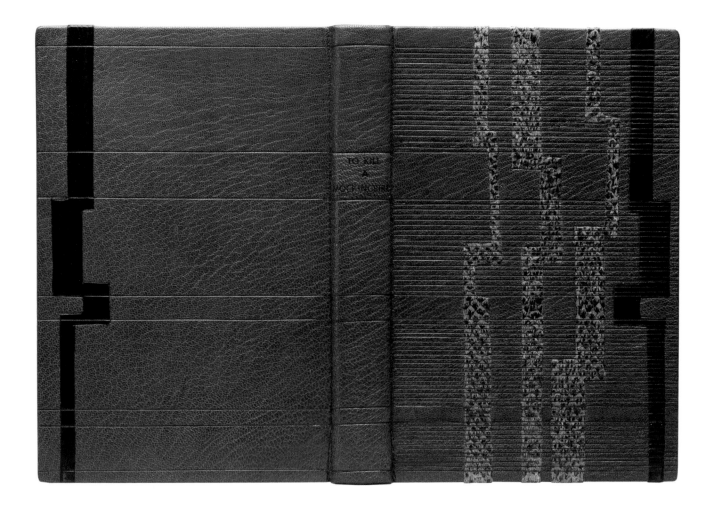

To Kill a Mockingbird

Harper Lee, Harper Collins Publishers, NY, 1999.

Full goatskin, blind tooling, onlays of fish skin and black goatskin,
end papers and fly leaves in cork paper, blind tooled title, bound in 2006.

COLLECTION OF HEGE LIBRARY, GUILFORD COLLEGE

De Harper Lee, Harper Collins Publishers, NY, 1999

Plein cuir de chèvre vert, impression à froid, mosaïques de cuir de poisson et de chèvre
noir. Pages de garde avec papier de liège. Titre à froid. Relié en 2006.

COLLECTION HEGE LIBRARY, GUILFORD COLLEGE, GREENSBORO.

Saint-Jean-de-Luz, Cibourne, Cité Corsair,

Georges Pialloux, Cercle de reliure d'art de Ciboure, France, 1996.

Full black goatskin, full leather inner hinge, sewn on bands laced into boards, beach stones and marbled paper inlaid in the covers representing the harbor of Saint Jean de Luz, hand sewn silk endbands, graphite top edge, gold tooled red goatskin onlay label on spine.

De Georges Pialloux, Cercle de reliure d'art de Cibourne, France, 1996.

Reliure passée en carton, cuir de chèvre noir. Pierres et papiers marbres sont incrustés sur les deux plats. Tranchefiles brodées. Tranche de tête au graphite. Pièce de titre rouge estampée à l'or.

Of Unicornes Hornes

Sir Thomas Brown, Illustrated by Alan James Robinson, Cheloniidae Press, Easthampton, Massachusetts, 1984.

Full brown goatskin with onlays of exotic skins (snake, alligator, shark, etc.) in the
shapes of horns, blind tooling on the spine, hand sewn silk endbands.

COLLECTION OF CHERYL AND JOHN MACKRELL

De Sir Thomas Brown, illustrations de Alan James Robinson, Cheloniidae Press,Easthampton, Massachusetts, 1984.

Reliure plein cuir de chèvre Tan. Mosaïques de cuir exotiques (serpent, alligator, requin, etc)
en forme de cornes. Impression à froid du titre au dos. Tranchefiles brodées.

COLLECTION DE CHERYL ET JOHN MACKRELL

A Fowl Alphabet

Sir Thomas Brown, illustrated by Alan James Robinson, Cheloniidae Press, Easthampton, Massachusetts, 1986.
Full black goatskin with onlays of orange and tan leather, hand sewn silk endbands, graphite top edge.
COLLECTION OF NAT SUROVELL

De Sir Thomas Brown, illustrations de Alan james Robinson, Cheloniidae Press, Easthampton, Massachusetts, 1986.
Plein cuir de chèvre noir avec mosaïques de cuir orange et tan. Tranchefiles brodées. Tranche de tête au graphite.
COLLECTION DE NAT SUROVELL

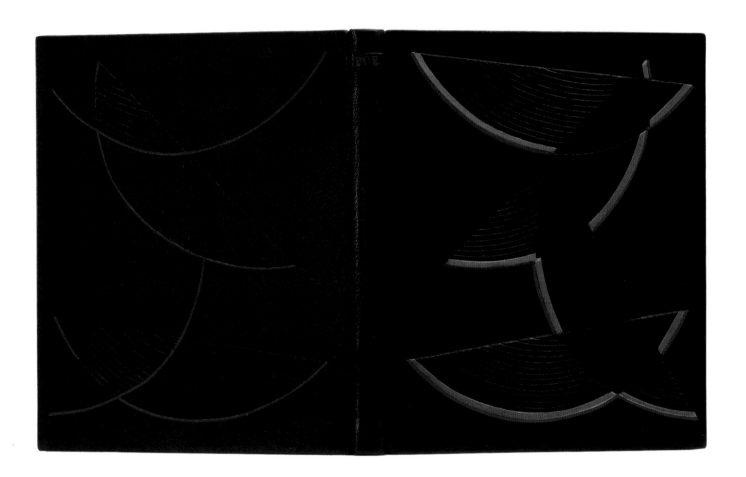

The Raven and The Pit and The Pendulum

Edgar Allan Poe, Leonard Smithers and Co., London, 1899.

Full black goatskin, raised curved shapes, with onlays of red and silver leather,
blind tooling, hand sewn silk endbands, top edge graphite, bound in 2008.

COLLECTION OF KAREN HANMER

Edgar Allan Poe, Leonard Smithers and Co., Londres, 1899.

Reliure plein cuir de chèvre noir, courbes en relief, mosaiques de cuir rouge et argent.
Impression à froid. Tranchefiles brodées, tranche de tête au graphite. Relié en 2008

COLLECTION DE KAREN HANMER

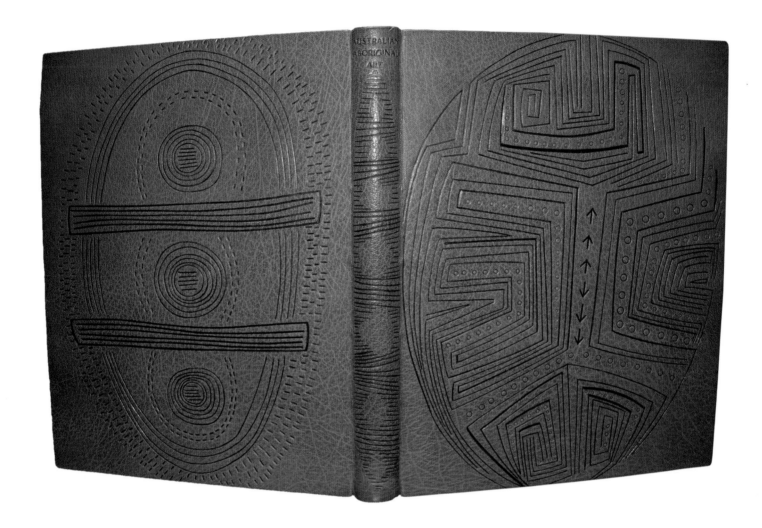

Australian Aboriginal Art

Edited by Ronald M. Berndt, with chapters by R. M. Berndt et al., Macmillan, New York, Collier-Macmillan, London, 1964.

Light brown full leather, blind tooled design motifs from Australian aboriginal art, bound in 1967.

<small>COLLECTION OF VICTORIA AND ALBERT MUSEUM, LONDON</small>

Edité par Ronald M. Berndt, chapitres par R. M. Berndt et al., Macmillan, New York, Collier-Macmillan, Londres, 1964

Plein cuir de chèvre brun clair. Dorure à froid de motifs inspirés par de l'art Aborigène d'Australie. Relié en 1967.

<small>COLLECTION DU VICTORIA AND ALBERT MUSEUM, À LONDRES</small>

The Scallop

Studies of a Shell and Its Influences on Humankind, Lord Godber et al., The Shell Transport and Trading Company, Ltd., London, 1957.
Full black goatskin with onlays in different colors, blind and gold tooling.
COLLECTION OF MEL KAVIN

Etudes d'un coquillage et de son influence sur le genre humain, Lord Golber et al. The Shell Transport and Trading Company. Ltd, Londres 1957
Plein cuir de chèvre noir. Mosaïques de coquillages de différentes couleurs. Dorure à froid et à l'or. Titre à l'or au dos.
COLLECTION DE MEL KAVIN

The Golden Asse

Lucius Apuleius, translated by William Aldington, Chiswick Press, London, 1904

Full brown goatskin with recessed onlays in blue, gold tooling.

COLLECTION OF JACKSON LIBRARY SPECIAL COLLECTIONS, UNIVERSITY OF NORTH CAROLINA AT GREENSBORO

Lucius Apuleius, traduit par William Aldington, Chiswick Press, Londres, 1904

Plein cuir de chèvre brun. Mosaïques incrustées de chèvre bleue. Dorure.

COLLECTION DE LA JACKSON LIBRARY SPECIAL COLLECTIONS, UNIVERSITÉ DE LA CAROLINE DU NORD

The Eric Gill Collection of the Humanities Research Center

A catalogue compiled by Robert N. Taylor with the assistance of Helen Parr Young,
Humanities Research Center, The University of Texas at Austin, 1982.

Full black goatskin with four recessed panels, stained calf in each panel with blind stamped blocks.

COLLECTION OF HARRY RANSOM HUMANITIES RESEARCH CENTER OF THE UNIVERSITY OF TEXAS AT AUSTIN

Un catalogue compilé par Robert N. Taylor avec la collaboration de Helen Parr Young,
Humanities Research Center, Université du Texas à Austin, 1982

Plein cuir de chèvre noir. Quatre panneaux incrustés de veau rouge ont reçus une impression à froid.

COLLECTION DU HARRY RANSOM HUMANITIES RESEARCH CENTER DE L'UNIVERSITÉ DU TEXAS À AUSTIN

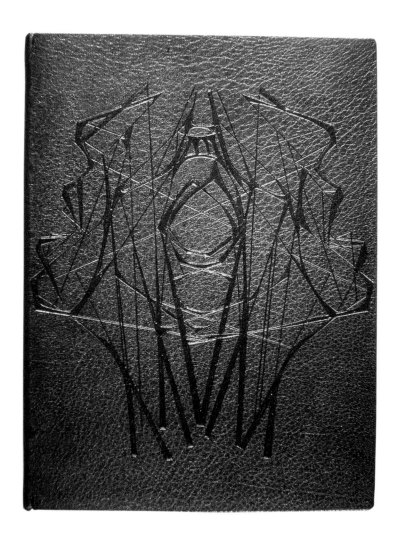

The Psalms: A New English Bible

Illustrated by Ismar David, The Union of the American Hebrew Congregation, New York, 1973.

Full black goatskin with blind tooling.

<small>COLLECTION OF HARRY RANSOM HUMANITIES RESEARCH CENTER OF THE UNIVERSITY OF TEXAS AT AUSTIN</small>

Illustré par Ismar David, The Union of the American Hebrew Congregation, New York, 1973

Plein cuir de chèvre noir. Impression à foid.

<small>COLLECTION DU HARRY RANSOM HUMANITIES RESEARCH CENTER DE L'UNIVERSITÉ DU TEXAS À AUSTIN.</small>

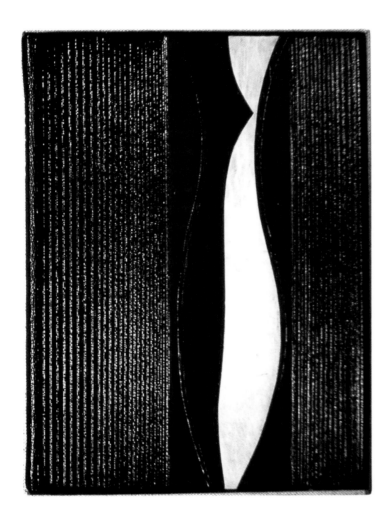

Claire de Durfort, Ourika

Translated into English with an introduction and epilogue by John Fowles, W. Thomas Taylor, Austin, 1977.

Full black goatskin, recessed center panel with purple and beige goatskin onlay, blind tooled lines.

COLLECTION OF HARRY RANSOM HUMANITIES RESEARCH CENTER OF THE UNIVERSITY OF TEXAS AT AUSTIN

Traduit en Anglais avec une introduction et un épilogue de John Fowles, W. Thomas Taylor, Austin, 1977

Plein cuir de chèvre noir. Un panneau central incrusté reçoit deux mosaïques de chèvre pourpre et beige. Lignes à froid.

COLLECTION DU HARRY RANSOM HUMANITIES RESEARCH CENTER DE L UNIVERSITÉ DU TEXAS A AUSTIN.

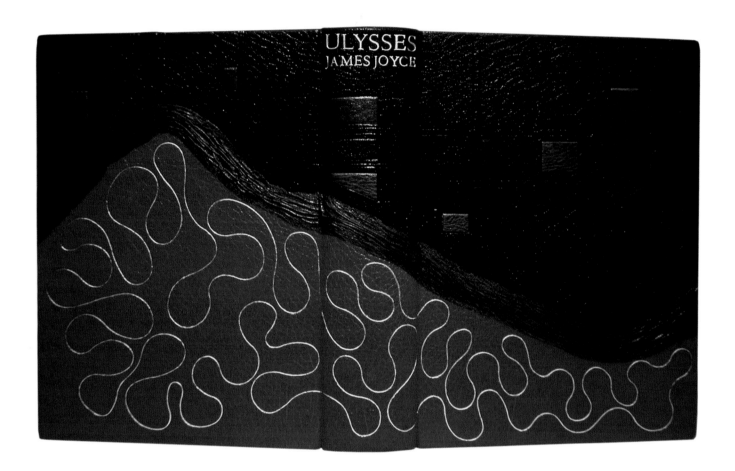

Ulysses

James Joyce. John Lane the Bodley Head, London, 1936, copy 107 of 1000.

Full black super Chieftain, green Oasis, and orange French Levant goatskin; orange, white, and green hand
sewn silk endbands; décor of colored onlays with blind and palladium tooling bound in 1982.

<small>Collection of Harry Ransom Humanities Research Center of The University of Texas at Austin</small>

James Joyce, John Lane the Bodley Head, Londres, 1936, copie 107/1000

Reliure plein cuir de maroquin du Levant, noir, orange et vert. Tranchefiles brodées de fils de soie orange, blanc et vert.
Mosaïques en relief. Dorure à froid et au palladium. Titre au palladium au dos. Relié en 1982.

<small>Collection du Harry Ransom Humanities Research Center de l'Université du Texas à Austin.</small>

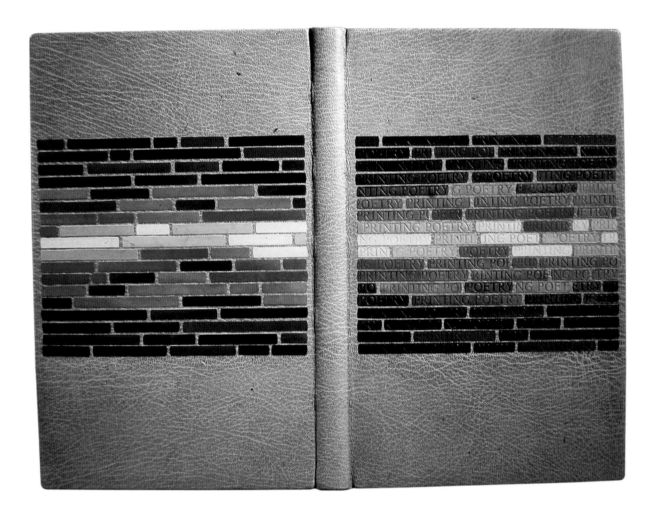

Printing Poetry

Clifford Burke, Scarab Press, San Francisco, 1980.

Full grey/green goatskin with rainbow colored onlays in calf, front and back, top edge gilt, bound in 1987.

Clifford Burke, Scarab Press, San Francisco, 1980.

Plein cuir de chèvre gris-vert. Mosaïques de couleurs en cuir de veau lisse sur les deux plats.
Tranche de tête dorée. Relié en 1987

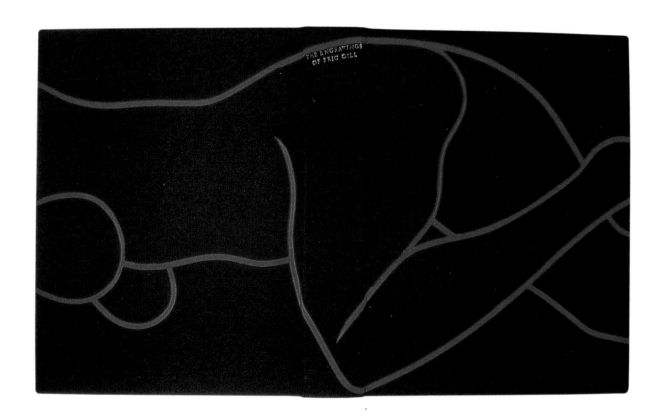

The Engravings of Eric Gill

Eric Gill, compiled by Christopher Skelton, Skelton's Press, Wellingborough, Northamptonshire, 1983.

Black morocco with red inlays in a sinuous pattern, gilt spine title, bound in 1986.

COLLECTION OF THE NEW YORK PUBLIC LIBRARY

Eric Gill, compilé par Christopher Skelton, Skelton Press, Wellingborough, Northamptonshire, 1983

Reliure pleine peau de maroquin noir. Mosaïques incrustées rouge formant des lignes sinueuses. Titre à l'or au dos. Relié en 1986.

COLLECTION DE LA NEW YORK PUBLIC LIBRARY

The Life Work of Dard Hunter

Dard Hunter II, Chillicothe, Ohio, Mountain House Press, 1981-1983.

Full grey goatskin with red, blue, and black onlays, blind tooling on spine.

Dard Hunter II, Chillicothe, Ohio, Mountain House Press, 1981-1983.

Plein cuir de chèvre gris, mosaïques rouges, bleues et noires. Titre à froid sur le dos

You Can Judge a Book by its Cover

Bernard Middleton, wood engravings by John DePol, Mel Kavin, Pico Rivera, California, 1994

Full red goatskin with green onlays, blind and gold tooling. Miniature.

COLLECTION OF MEL KAVIN

Bernard Middleton, bois gravés de John DePol, Mel Kavin, Pico Rivera, Californie, 1994

Plein cuir de chèvre rouge. Mosaïques de chèvre de couleur verte. Dorure à l'or et à froid. Miniature.

COLLECTION DE MEL KAVIN

Billy Budd Sailor

Herman Melville, Married Mettle Press, 1987. Copy no. XVIII/XXV
Full dark grey goatskin with multi-colored onlays. Colored top edge.

Herman Melville, Married Mettle Press, 1987, Copie no. XVIII/XXV
Plein cuir de chèvre gris foncé. Mosaïques de cuir de différentes couleurs. Tranche de tête colorée.

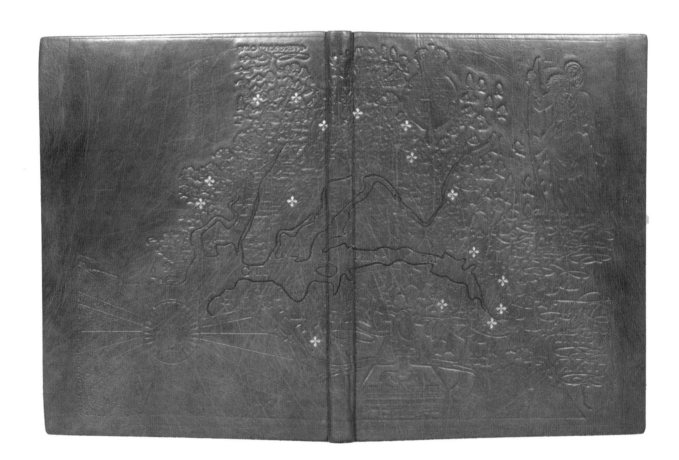

The Chesapeake Voyages of Captain John Smith,

Captain John Smith, preface by Adam Goodheart, illustrated by Marc Castelli, Deep Wood Press, Mancelona, Michigan, 2007.

Full tan goatskin, blind and gold tooling, blue leather onlay, stamped with a depiction of a map in the text, top edge graphite, bound in 2009.

COLLECTION OF THE LIBRARY OF VIRGINIA

Par Capitaine John Smith, préface de Adam Goodheart. Illustré par Marc Castelli, Deep Wood Press, Mancelona, Michigan, 2007

Plein cuir de chèvre tan. Dorure à l'or et à froid. Mosaïques de cuir bleue illustrant une carte prise dans le texte.
Tranche de tête au graphite. Relié en 2009

COLLECTION DE LA BIBLIOTHÈQUE DE VIRGINIE

Heart of Darkness

Joseph Conrad, illustrated by Marc Castelli, Chester River Press, Chesterton, MD, printed by Deep Wood Press, 2008.

Full black goatskin, blind tooling, stamped rectangular yellow calf onlays, the blind stamps are taken from illustrations in the text, top edge graphite, bound in 2009.

COLLECTION OF CHAD PASTOTNIK, DEEP WOOD PRESS

de Joseph Conrad, illustré par Marc Castelli, Chester River Press, Chesterton, MD, imprimé par Deep Wood Press, 2008

Plein cuir de chèvre noir, impression à froid sur des rectangles de cuir d'agneau jaune en mosaïques à partir d'illustrations dans le texte. Tranche de tête au graphite. Relié en 2009.

COLLECTION DE CHAD PASTOTNIK, DEEP WOOD PRESS

Full black goatskin, blind tooling, stamped rectangular yellow and reddish-brown calf onlays, the blind stamps are taken from illustrations in the text, top edge graphite, bound in 2009.

COLLECTION OF EDWARD SUROVELL

Plein cuir de chèvre noir, impression à froid sur des rectangles de cuir d'agneau jaune et brun-rouge, en mosaïques à partir d'illustrations dans le texte. Tranche de tête au graphite. Relié en 2009

COLLECTION DE EDWARD SUROVELL

The Circus of Dr. Lao

Charles G. Finney, illustrated by Boris Artzybasheff, The Viking Press, NY, 1935.

Full black goatskin with multi-colored onlays.

De Charles G. Finney, illustré par Boris Artzybasheff, The Viking Press, NY 1935

Plein cuir de chèvre noir. Mosaïques de différentes couleurs. Dorure à l'oeser. Titre à l'oeser au dos.

Twelve Centuries of Bookbindings, 400-1600

Paul Needham,New York, Pierpont Morgan Library, London, Oxford University Press, 1979.

Full beige/yellow goatskin, rectangular panels cut out from board with stamped designs inset into sunken panels on front and back covers, the panels illustrate bindings from the 7th century to the 16th century, top edge gilt, bound in 2009.

COLLECTION OF JACKSON LIBRARY SPECIAL COLLECTIONS, UNIVERSITY OF NORTH CAROLINA AT GREENSBORO

Par Paul Needham, New York, Pierpont Morgan Library, Londres, Oxford University Press, 1979

Plein cuir de chèvre jaune pâle. Mosaïques à niveau de rectangles de cuir de différentes couleurs. L'impression des rectangles représente des reliures du 7e au 16e siècle. Tranche de tête dorée. Relié en 2009

COLLECTION DE LA JACKSON LIBRARY SPECIAL COLLECTION DE L'UNIVERSITÉ DE LA CAROLINE DU NORD À GREENSBORO

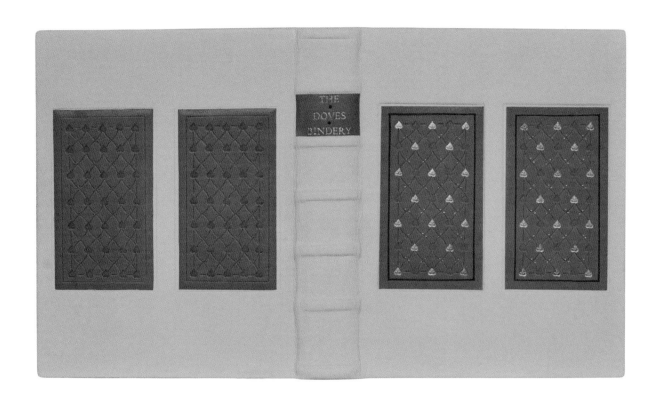

The Doves Bindery

By Marianne Tidcombe, published by Oak Knoll Press, New Castle, Delaware, 1991, The British Library, London, 1991

Traditionnal white Alum Tawed leather bindings with raised bands on the spine and two sunken panels
on front and back cover. Inlays of gold and blind tooling on the front and blind tooling on the back.
Red lines onlays on the front panels. Gold tooled panels on the spine. Bound in 2015.

Par Marianne Tidcombe, publié par Oak Knoll Press, New Castle, Delaware, 1991, The British Library, Londres, 1991

Reliure traditionnelle en cuir "Alum Tawed". Dos à cinq nerfs. Deux panneaux incrustés de cuir brun pâle sur les
plats avant et arrière. Les panneaux du plat avant sont décorés à l'or et à froid avec une mosaique de cuir rouge. Les
panneaux du plat arrière sont décorés à froid. Titre à l'or au dos, Relié en 2015

The Prelude

Edited by Robert Woof, with an introduction by Stepen Gill, Watercolours by David Esslemont.
Published by The Wordsworth Trust, Grasmere, 2007

Full goatskin leather binding, sunken pa els with "Lacunose" on front and back covers that is a reflexion of the illustrations.
Onlay of "Lacunose" on the spie. Onlays of black leather, blind tooled title on the spine, embroidered end bands,
paper paste down and fly leaves. Bound in 2015.

THE WORDSWORTH TRUST, GRASMERE, 2007

Edité by Robert Woof avec une préface de Stepen Gill, aquarelles de David Esslemont. Publié par The Wordsworth Trust, Grasmere, 2007

Reliure de chèvre "tan" avec des panneaux en retrait contenant du "Lacunose". Décor inspiré des illustrations.
Mosaïques de "Lacunose" au dos et des bandes de cuir noir. Titre à froid au dos, tranchefiles brodées, gardes de papier. Relié en 2015.

THE WORDSWORTH TRUST, GRASMERE, 2007

Jazz

Henri Matisse, Editions George Braziller, Inc New York 1983

Blue buffalo full leather binding with onays and inlays spelling JAZZ in different colors on the front and the back cover. Paper paste down and fly leaves. Bound in 2015

COLLECTION LANG INGALLS

Henri Matisse, Editions George Braziller, Inc New York 1983

Reliure en cuir de buffle bleue avec mosaïques de différentes couleurs en reliefs et à niveau formant le mot JAZZ. Pages de garde de papier bleue. Relié en 2015

COLLECTION LANG INGALLS

Alice's Adventures In Wonderland

By Lewis Carroll , Illustrations by Barry Moser Published by the University of California Press, Berkely

Bound in dark red smoooth goat skin with "divisions" made with narrow boards unerneath the leather. Each division is onlayed with different leather. A key is inlaid on the spine. Embroidered end bands. Title in gold. Bound in 2015.

Par Lewis Caroll, illustré par Barry Moser, Publié par les presses de l'Université de Californie, Berkely.

Relié en cuir rouge foncé avec des divisions obtenues par des cartons étroits sous le cuir. Ces divisions recoivent différent cuir en mosaïque. Une clé est incrustée au dos. Tranchefiles brodées. Titre à l'or. Relié en 2015

Lost on the Titanic

The Story of "The Great Omar", a Jewelled Binding of the "Rubaiyat" of Omar Khayyam Hardcover
October 1, 2001 by Robert John Shepherd and published by Shepherd Bookbinders Ltd.

Dark blue goatskin. The letters on front cover are of blue "craquele" on beige calf leather. On the back cover, the letters were placed before
covering. Blind lines all across both sides and a fine blue onlay to mark the horizon line. Embroidered end bands. Bound in 2014

L'Histoire du "The Great Omar", une reliure ornée de pierres précieuses, inspiré de "Rubaiyat" par
Omar Khayyam. Par Robert John Shepherd et publié par Shepherd Bookbinders Ltd.

Reliure plein cuir bleu foncé. Le décor du plat avant est composé de lettres de cuir colorées en "craquelé".
Sur le plat arrière, les lettres ont été mises en place avant couvrure. Lingnes horizontales à froid traversant les deux plats.
Mosaïque de cuir bleu pâle, représantant la ligne d'horizon. Relié en 2014

Sir Gawain and the Green Knight

Bound in full green goatskin with wide bands constructed of onlays of black goatskin
with decorative onlays on top of the band shapes. Enbroidered end-bands. Bound in 2014.

COLLECTION OF EDD MOORE

Relié plein cuir de chèvre vert avec bandes de chèvre noires. Des mosaïques sont
apposées sur les bandes noires. Points dorés. Tranchefiles brodées.

COLLECTION DE EDD MOORE

The Tradition of Bookbinding in the 20th Century

Published in Pittsburg in 1979

Bound in full cream goat skin leather with multiple inlays and onlays. Blind and gold tooling to show the development from early bindings to modern day design elements. Title stamped in gold on the front cover.

Publié à Pittsburg in 1979

Reliure plein cuir couleur crème. Mosaïques de différentes couleurs et textures. Impression à froid et à l'or marquant le développement des reliures traditionelles jusqu'aux décors modernes. Titre à l'or sur le plat avant.

The Mystique Of Vellum

Containing an introduction by Dechard Turner and a historical essay on vellum printed books by Colin Franklin
along with a manual to printing letterpress on vellum and parchment by Richard Bigus that's edited by Lester Ferriss.
Published by Anne & David Bromer, Boston, 1984. Limited to 225 copies.

Bound in full vellum with the top half in dark green mottled vellum and the bottom
half in orange mottled vellum. Gold tooled title on the front cover.

COLLECTION OF LANG INGALLS

Avec une introduction de Dechard Turner et un essaie historique sur l'histoire des livres imprimés sur vélin par Colin Franklin,
accompagné d'un manuel sur l'impression typographique sur vélin et parchemin par Richard Bigus et édité par Lester Ferriss.
Publié par Anne & David Bromer, Boston, 1984 Edition limitée à 225.

Relié plein cuir de parchemin. La partie du haut est en parchemin nuancé vert et
la partie du bas est en parchemin nuancé orange. Titre à l'or sur le plat avant.

COLLECTION DE LANG INGALLS

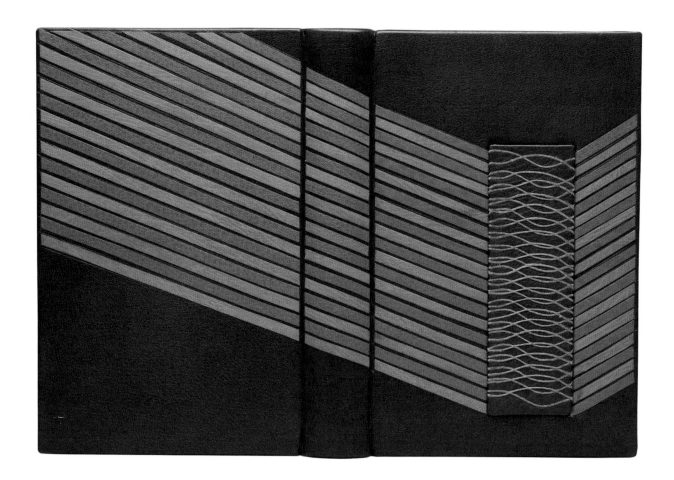

The Thread That Binds

Interviews with Private Practice Bookbinders, compiled and with introductions
by Pamela Train Leutz, Oak Knoll Press, 2010

Bound in full green goatskin leather with bands of green and orange leather onlays. Center panel in buffalo
leather showing link stich technique with waxed threads orange and green. Bound in 2010

Entrevues avec des relieurs en pratique privée, compilé et avec une
introduction de Pamela Train Leutz, Oak Knoll Press, 2010

Plein cuir de chèvre vert avec bandes de cuir vert et orange traversant les deux plats. Un panneau sur le plat
avant illustre la technique de couture entrelacée avec des fils cirés vert et orange. Relié en 2010

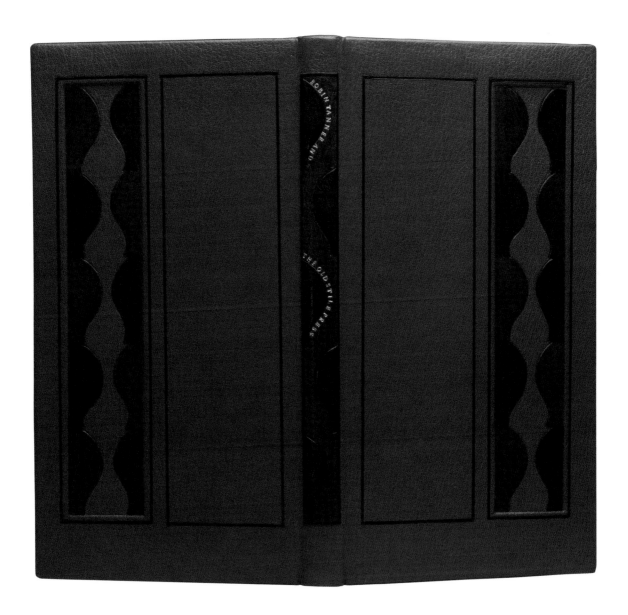

The Old Stile Press

Bound in orange goatskin with onlays of black and green leather in four panels. Onlays on
the spine. Frames of leather lines onlays. Title tooled in gold on the spine. Bound in 2011

PRIVATE COLLECTION

Relié en cuir de chèvre orange. Mosaïques de cuir noir et vert sur quatre panneaux.
Mosaïques au dos où le titre est poussé à l'or. Encadrement de listels noir. Relié en 2011.

COLLECTION PRIVÉE.

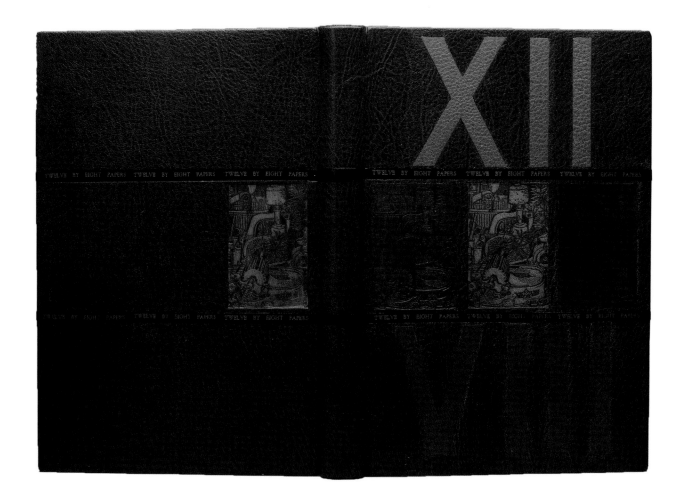

Twelve By Eight Papers

By John Mason, 1978. Leicester Twelve By Eight Press.

Bound in flul brown goatskin with inlays and onlays in various colors. Scenes of papermaking equipment stamped in blind tooling on inlaid rectangles. The title is repeated on the front and back cover, in gold, over black narrow strips. Embroidered end-bands.

Par John Mason, 1978. Leicester Twelve By Eight Press.

Relié plein cuir de chèvre brun avec des mosaïques et des incrustations de différentes couleurs. Des scènes illustrants la fabrication du papier sont estampées à froid sur des rectangles incrustés. Titre à répétition, à l'or, sur des bandes de cuir noir. Tranchefiles brodées.

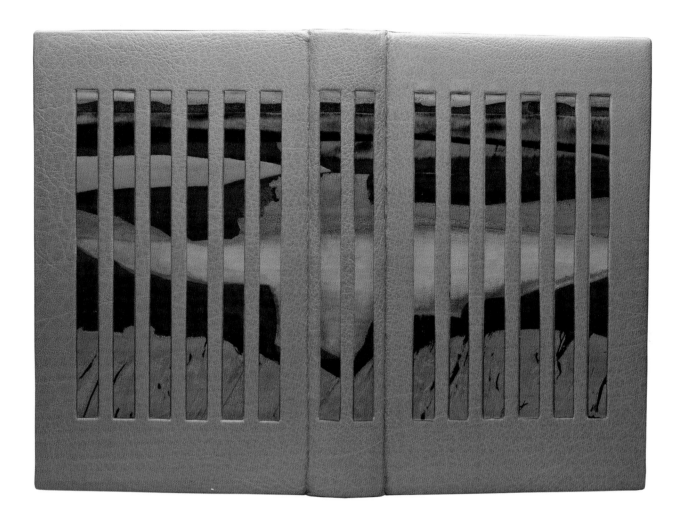

1st Prelude

Full leather buffalo binding with strips of "Lacunose" (sanded leather) inset in space
created by boards underneath the leather. Embroidered end-bands. Bound in 2012.

PRIVATE COLLECTION

Plein cuir de buffle avec languettes de "Lacunose" (cuir poncé) insérées dans les espaces
créé par le double carton sous le cuir. Tranchefiles brodées. Relié en 2012.

COLLECTION PRIVÉE

Twelve Centuries of Bookbinding

By Paul Needham. (A Pierpont Morgan Library Book) New York, 1979

Bound in full black goatskin with various colored rectangle onlays, blind stamped of period bindings.
Two bands onlay with green and red leather. Title in gold on the spine. Embroidered end-bands. Bound in 2012.

COLLECTION OF GUILFORD COLLEGE IN GREENSBORO, NC.

Par Paul Needham. (Un livre de la Pierpont Morgan Library,) New York, 1979

Relié en cuir de chèvre noir. Des rectangles en mosaïques de différentes couleurs, sur les deux plats, avec estampes de reliures
anciennes. Titre au dos à l'or. Deux bandes de cuir ver et rouge traversent les plats. Tranchefiles brodées. Relié en 2012.

COLLECTION DU GUILFORD COLLEGE À GREENSBORO, NC.

Venus and Adonis

Bound in full black goatskin leather with onlays of red goatskin in two different textures on the front board.
On the back board outline of the two figures in red leather onlays. Embroidered end-bands. Bound in 2010.

COLLECTION OF GUILFORD COLLEGE IN GREENSBORO, NC.

Plein cuir de chèvre noir avec mosaïques de cuir de deux tons de rouge sur le plat avant.
Le plat arrirère a les même figures en filets de mosaïques de cuir rouge.Tranchefiles brodées. Relié en 2010.

COLLECTION DU GUILFORD COLLEGE À GREENSBORO, NC.

Marble Paper

A history and a bibliography. By Phoebe Jane Easton. Published in 1983. Limited edition of 850 numbered copies.

Bound in full black goat skin with bands of marble paper within lines of silver foil.
Title on spine in silver foil. Embroidered end bands. Bound in 2013.
PRIVATE COLLECTION.

Un historique et une bibliographie. Par Phoebe Jane Easton. Publié en 1983. Edition limitée à 850 copies numérotées.

Relié plein cuir de chèvre noir avec bandes de papier marbre entre deux lignes argent.
Titre au dos estampe au palladium. Tranchefiles brodées. Relié en 2013.
COLLECTION PARTICULIERE.

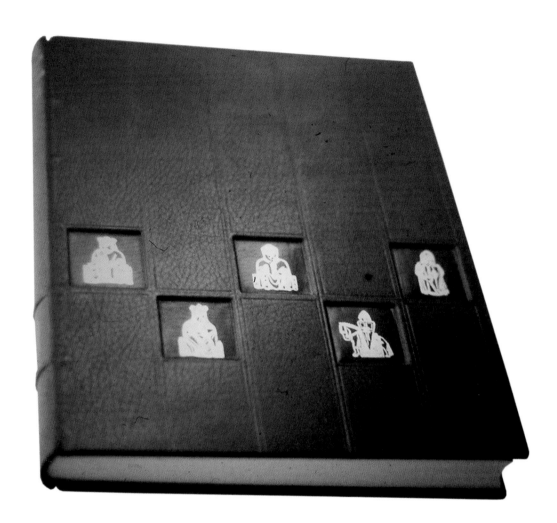

Title unknown, Chess Book

Full black goatskin, gold stamped blocks in recessed panels.

Plein cuir de chèvre noir. Des images de pions d'échec sont estampées dans un espace en creux.

Renaissance Art

Full dark blue goatskin, red and yellow onlays cut into straight strips that are formed into circles, gold tooling.

PRIVATE COLLECTION

Plein cuir de chèvre bleue, des bandes de cuir rouge et jaune sont appliquées en cercles. Dorure à l'or.

COLLECTION PRIVÉE

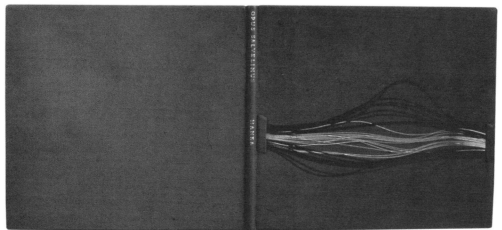

Opus Salvelinus:
Observations on the Serious Matter of Fishing for our Beautiful Native Brook Trout

Ladislav Hanka, Rarach Press, Kalamazoo, Michigan, 1990.
Full orange goatskin, various colors of coated wires loose across the cover and held at the spine and foredge.

PRIVATE COLLECTION

Ladislav Hanka, Rarach Press, kalamazoo, Michigan, 1990

Plein cuir de chèvre orange. Des cordonnets de différentes couleurs, sur le plat avant, sont libres au centre et retenus aux extrémités par une mosaïque de cuir orange.

COLLECTION PRIVÉE

Title unknown

Full grey oasis goatskin with multi-onlays and blind tooling.

PRIVATE COLLECTION

Plein cuir oasis gris. Mosaïques de différentes couleurs. Dorure à froid.

COLLECTION PRIVÉE EN ANGLETERRE

Recollections: My Life in Bookbinding

Bernard Middleton, Bird & Bull Press,
Newtown, PA, 1995.

Full black goatskin with colored onlays, braided leather thongs are loose and laced into boards, gold tooling.

PRIVATE COLLECTION

Bernard Middleton, Bird & Bull Press,
Newtown, PA, 1995.

Plein cuir de chèvre noir, mosaïques de différentes couleurs. Des bandes de cuir nattées sont libre au centre et incrusté dans le cuir, représentant les cahiers cousus dans une reliure.

COLLECTION PRIVÉE

The Queen's Address in Canada

Full black goatskin with multi-colored onlays, gold tooling.

PRIVATE COLLECTION IN ENGLAND

Plein cuir de chèvre noir, couture sur nerfs. Mosaïques de différentes couleurs représentant les drapeaux des pays de la République d'Angleterre.

COLLECTION PRIVÉE EN ANGLETERRE

Leonardo DaVinci

Published by the Potomac Chapter of the Guild of BookWorkers in 1997 for an exhibition at the Corcoran Gallery in Washington DC

Purple goatskin spine and multi-colored goatskin inlays, gold and blind tooling.

PRIVATE COLLECTION

A été publié par le Potomac Chapter de la Guild of BookWorkers en 1997 pour une exposition à la galerie Corcoran à Washington DC

Dos et gouttière de cuir de chèvre pourpre. Des bandes de cuirs de différentes couleurs couvrent les deux plats. Dorure à l'or et à froid.

COLLECTION PRIVÉE

Title unknown, Carpets

This very large book is covered in three panels of
red and black goatskin with beige onlays.

<small>PRIVATE COLLECTION</small>

Ce livre énorme est relié en trois panneaux de cuir de
chèvre rouge et noir. Mosaïques de cuir beige.

<small>COLLECTION PRIVÉE.</small>

Printers Choice

By Ruth Fine. A selection of American press books,
1968-1978: catalogue of an exhibition held at the Grolier
Club, New York, December 19, 1978-February 3, 1979.
Published in 1983 by Oak Knoll Press.

Limited to 325 numbered copies, printed and designed
by David Holman at the Wind River Press.

Full orange goatskin with multi-colored onlays
printed with wooden type, blind tooling.

<small>PRIVATE COLLECTION</small>

Par Ruth Fine. Une sélection de livres à tirage limité
imprimés aux Etats-Unis d'Amérique entre 1968-1978:
catalogue d'une exposition tenue au Grolier Club, New
York, du 19 décembre 1978 au 3 février 1979. Publié en
1983 par Oak Knoll Press et limité à 325 copies.

Plein cuir de chèvre orange. Mosaïques de bandes
de différentes couleurs, imprimées avec des lettres
en bois. Lignes à froid. Titre à froid.

<small>COLLECTION PRIVÉE.</small>

Custom bindings by friends,
students & colleagues

Reliures personnalisées par
des amis, étudiants et collègues

BOOKBINDING & CONSERVATION:
A SIXTY-YEAR ODYSSEY OF ART & CRAFT

BY DON ETHERINGTON

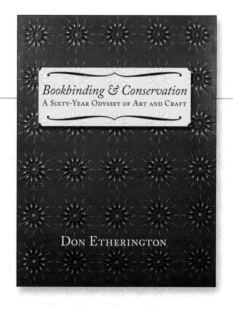

Monique Lallier

Traditional laced-in boards binding technique in full red leather with inlays of dyed vellum representing the six important phases in the author's life and career. Black leather onlays and gold tooling of dots representing all the people that he helped. Edge to edge doublures of black leather. Fly leaves with Claude Braun paper.

COLLECTION OF YUMIKO HARRIS

Reliure traditionelle passure en carton en cuir rouge avec des incrustations de parchemin teinté représentant les six étapes importantes de la vie et la carrière de l'auteur. Mosaiques de cuir noir et pointillé à l'or représentant les gens que l'auteur a aidé dans sa carrière. Doublures bord à bord de cuir noir et pages de garde avec papier de Claude Braun.

COLLECTION DE YUMIKO HARRIS

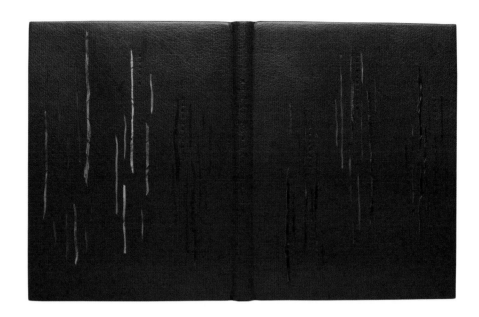

Monique Lallier

Traditional full goat skin leather binding with incisions and onlays grouped by colors to represent the six simportant periods in Don Etherington's life and career. Blind stamping of the six cities that changed his life. Embroidered end-bands. Edge to edge green leather doublures with incisions and paper fly leaves.

COLLECTION ED SUROVELL

Reliure passure en carton en cuir de chèvre avec des incisions et des mosaïques de cuir, regrouppées par couleur et représentant les six périodes importantes dans la vie et la carrière de Don Etherington. Impression à froid des six villes qui ont changé sa vie. Tranchefiles brodées. Doublures bord à bord de cuir vert avec incisions. Gardes de papier.

COLLECTION DE ED SUROVELL

Diane André

Binding and design concept: Diane André. Printing of design: Vincent André

Covered in full burgundy goatskin. Embroidered silk end-bands of different shades of blue, burgundy and red.
Burgundy japanese paper end sheets. British, American and Quebec flags printed on a strip of white lambskin.
The flags illustrate three important periods of the life of Don Etherington. The blind tooling lines are the continuation
on the back cover of the front design. The name of the author and the title are stamped on the back cover.

Reliure et conception du decor: Diane André. Impression du decor: Vincent André

Reliure traditionnelle plein chagrin bourgogne. Tranchefiles brodées à la main avec fils de soie de divers tons de bleu, bourgogne
et rouge. Gardes en papier japonais bourgogne. Decor illustrant les drapeaux anglais, américain et québécois qui correspondent à
trois périodes importantes dans la vie de Don Etherington. Impression des drapeaux sur une bande de cuir d'agneau blanc dont
la largeur se prolonge sur le plat arrière avec des lignes à froid. L'auteur et le titre en oser marine sont à l'intérieur de cette bande.

Helga Hobday

Laced-in binding in full maroon goatskin. Orange and navy-blue leather inlays, overlapping. Embroidered end-bands in orange, red and navy-blue. Title stamped with foil on the spine.

Reliure à la française plein cuir de chèvre marron/roux. Mosaïques incrustees et juxtaposées en peau de chèvre orange et marine.Tranchefiles de soie brodées. Titre au fim sur le dos.

Lang Ingalls

Bound in parchment over boards, using the 'floating boards' method. Parchment backed with Japanese 'hanako' paper, also used for flyleaves and endbands. Sewing tapes in parchment, visible through groove. Hand-tooled cover design and title on spine in pale gold. Bound in 2014. Custom clamshell box. The tooling on the cover envelops the natural markings of the parchment. The use of modern papers throughout brings a nice mix with the more historical method of parchment covering.

Reliure en plein parchemin utilisant la technique de carton sans adhésif. Le parchemin a été doublé avec un papier Japonais "hanako" aussi utilisé pour les pages de garde et les tranchefiles. Cousue sur ruban de parchemin visible dans les mors. Décor aux fers à l'or. Titre à l'or au dos. Relié en 2014. Boîier. L'impression du décor suit les lignes naturelles du parchemin. L'utilisation de papier moderne apporte une touche contemporaine à une technique historique de couvrure en parchemin.

Lise Dubois

French technique binding in full goat skin dark green leather. A pivoting circle has a miniature book
on its front with the important dates in the life of the author written inside the book and the title stamped
in red on a buffalo skin on the reverse of the circle. Embroidered end-bands. Onlays of water snake
skin and goat skin. Doublures with paper by Lucie Lapierre and monochrome fly leaves.

Reliure "à la française" pleine peau de chèvre vert forêt. Plat avant évidé, un cercle pivotant reçoit côté
recto un livre miniature contenant les dates importantes de la vie de l'auteur et au verso le titre à
l'oeser rouge sur peau de buffle. Tranchefiles brodées. Mosa'ques de serpent d'eau et de chèvre.
Doublures en papier de Lucie Lapierre, gardes volantes monochromes.

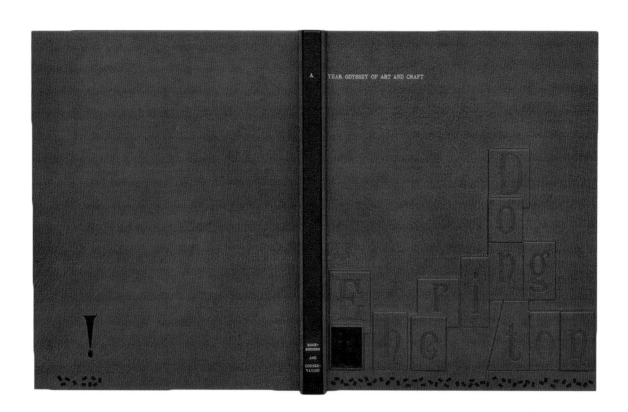

Nicole Billard

Oriental binding full orange goat skin. Dark blue French chagrin spine with palladium title.
Front cover with embossed design with Don Etherington's name letters and dark blue onlays on the
front and back covers for his sixty years career. Leather doublure and marble enpapers.

Reliure à l'orientale, plein cuir de chèvre orange brûlé.Dos en chagrin marine avec titre au palladim.
Décor fait de reliefs avec impression de lettres au nom de Don Etherington et mosaïques marine sur les plats
avant et arrière suggérant ses soixante ans de carrière. Doublure de peau et garde de papier marbré.